Aos herdeiros do Espírito Santo.

O MINISTÉRIO do Espírito

A. J. GORDON

The Ministry of the Spirit
Copyright © 1894 American Baptist Publication Society
© 2012 Editora dos Clássicos
Publicado no Brasil com a devida autorização
e todos os direitos reservados por Publicações Pão Diário
em coedição com Editora dos Clássicos.

Tradução: Helio Kirchheim
Revisão: Paulo César de Oliveira
Diagramação: Rita Motta (Editora Tribo da Ilha)
Editor: Gerson Lima
Capa: Audrey Novac Ribeiro
Imagens: © Shutterstock

Dados Internacionais de Catalogação na Publicação (CIP)

GORDON, A. J.
O ministério do Espírito / A. J. Gordon;
Tradução: Helio Kirchheim
Curitiba/PR, Publicações Pão Diário e São Paulo/SP, Editora dos Clássicos.
Título original: *The Ministry of the Spirit*

1. Alma   2. Espírito Santo

Exceto quando indicado o contrário, os trechos bíblicos mencionados são da edição Revista e Atualizada de João F. de Almeida © 2009 Sociedade Bíblica do Brasil.

Proibida a reprodução total ou parcial, sem prévia autorização, por escrito, da editora.
Todos os direitos reservados e protegidos pela Lei 9.610 de 19/02/1998.
Permissão para reprodução: permissao@paodiario.org

Publicações Pão Diário
Caixa Postal 4190,
82501-970 Curitiba/PR, Brasil
publicacoes@paodiario.org
www.publicacoespaodiario.com.br
Telefone: (41) 3257-4028

Editora dos Clássicos
www.editoradosclassicos.com.br
contato@editoradosclassicos.com.br
Telefones: (19) 3217-7089
(19) 3389-1368

Código: D1425
ISBN: 978-1-68043-689-1

Impresso no Brasil

Sumário

Prefácio à Edição em Português 7

Prefácio Original do Autor 9

Introdução – de F. B. Meyer 11

Capítulo 1 – A Missão Terrena do Espírito 17

Capítulo 2 – A Vinda do Espírito 21

Capítulo 3 – Os Nomes do Espírito 33

Capítulo 4 – A Encarnação Mística do Espírito 45

Capítulo 5 – O Revestimento do Espírito 55

Capítulo 6 – A Comunhão do Espírito 77

Capítulo 7 – O Ministério do Espírito 99

Capítulo 8 – A Inspiração do Espírito 123

Capítulo 9 – A Convicção do Espírito 139

Capítulo 10 – A Ascensão do Espírito 151

Breve biografia de Adoniram Judson Gordon 157

Garimpando na História – A. J. Gordon entre os gigantes .. 164

Prefácio à Edição em Português

Fui convidado a escrever o prefácio da edição brasileira deste livro *O Ministério do Espírito*, de A. J. Gordon. Minha preocupação é que de alguma maneira eu apresente de forma inadequada o coração do autor ou a mensagem do seu livro.

Descobri este livro há mais de trinta anos e já o li várias vezes. E tornei a lê-lo antes de escrever este prefácio.

Dentre todos os livros que li sobre o Espírito Santo, considero este um dos cinco mais importantes e de maior valor prático.

Este é o único livro do irmão Gordon que li. Impressiona-me o seu conhecimento bíblico e o seu amor às Escrituras; seu equilíbrio e apresentação reverente dos três membros da Trindade. Também me impressiona a maneira não polêmica que ele tem de expor a sua compreensão desse importantíssimo assunto da pessoa e obra do Espírito Santo. Por isso, quero encorajá-lo a ler este livro com coração e mente abertos.

Em cada capítulo você encontrará no mínimo uma verdade que será de utilidade para sua vida. Cito pelo menos quatro deles que julgo úteis de forma particular:

Capítulo 1, "A Missão Terrena do Espírito". O irmão Gordon, com sabedoria, optou por limitar seu foco ao período que vai do dia de Pentecostes até a segunda vinda de nosso Senhor Jesus. É comum sentir-se desnorteado quando se tenta entender o Espírito Santo e a Sua obra na perspectiva de toda a Palavra de Deus. Essa limitação pode dar um entendimento mais concentrado e claro da obra deste membro da Trindade durante esse período da história.

Capítulo 3, "Os Nomes do Espírito". Muitas vezes o Espírito Santo é desconsiderado e negligenciado por muitos dos amados filhos de Deus porque não percebem que Ele é uma Pessoa Divina, é Deus. Para nós é muito mais fácil pensar no Pai e no Filho como pessoas; mas alguém já disse que o Espírito Santo é como "uma pessoa sem rosto". O irmão Gordon, neste capítulo, nos ajuda a ver e a entender esta Maravilhosa Pessoa mais plenamente, ao nos chamar a atenção para o Seu nome.

Capítulo 7, "O Ministério do Espírito". Compreender e praticar o que é ensinado neste capítulo a respeito do governo do Espírito Santo pode transformar a vida dos cristãos e revitalizar as assembleias do povo do Senhor, pois em todo lugar que olhamos vemos a negligência em reconhecer a absoluta soberania do Espírito Santo.

Capítulo 10, "A Ascensão do Espírito". Nenhum outro livro que li destaca o ministério do Espírito Santo em relação à segunda vinda de nosso bendito Senhor Jesus. O grande desejo do Espírito Santo é aprontar a Noiva para o retorno do seu Noivo e Rei. Este capítulo contém muita instrução para nos ajudar a cooperar melhor com o Espírito Santo. Dessa forma, o Espírito e a Noiva podem dizer em uníssono: "Vem, Senhor Jesus!".

Estou certo de que você descobrirá que uma leitura e meditação cuidadosas deste livro farão você conhecer o Senhor mais intimamente, além de tornar o seu andar e o seu trabalho com Ele mais produtivos.

Amém.

Ernie Hile
Patos de Minas, MG, Brasil,
em 25 de outubro de 2011.

Prefácio Original do Autor

Estamos certos de que neste pequeno volume não dissemos tudo o que se poderia dizer sobre o assunto tratado. Pelo contrário, o autor se orientou pela convicção de que a doutrina do Espírito Santo pode ser mais bem entendida quando se limita à sua esfera de discussão do que quando se estende até os mais amplos limites. Para criaturas finitas, pelo menos, a presença é mais compreensível do que a onipresença. Dessa forma, embora o assunto deste livro seja profundamente misterioso, procuramos simplificá-lo concentrando-nos no ministério terreno do Espírito Santo, sem considerar o Seu ministério desde a eternidade. Aquilo que o Espírito fez antes de Cristo ter assumido a forma humana e o que Ele fará depois do segundo advento de Cristo são assuntos que fogem ao nosso propósito. Em vez disso, procuramos enfatizar esta grande verdade: o Paráclito[1] está presente agora na Igreja e estamos vivendo na dispensação do Espírito, com toda a indizível bênção para a Igreja e para o mundo que esse fato significa.

Assim, da mesma forma que falamos do ministério de Cristo como um trabalho de contornos bem-definidos e limitados, chamamos este livro de "O Ministério do Espírito Santo", referindo-nos ao trabalho do Consolador estendendo-se desde o dia de Pentecostes até o final da presente dispensação.

---

[1] Ou Paracleto, palavra do grego "parakletos", que significa consolador, defensor, intercessor, advogado, referindo-se ao Espírito Santo, traduzido no evangelho de João como Consolador. O autor comenta mais sobre isso no capítulo 3: "Os Nomes do Espírito" (N. do E.).

Que assunto profundo para estudar! A oração mais apropriada para os que se dedicam a ele é pedir humildemente ao próprio Espírito Santo que nos ensine a respeito de Si mesmo! Profundamente consciente da imperfeição deste trabalho, eu agora o entrego para que seja usado e abençoado por essa divina Pessoa, da qual tão imperfeitamente falamos.

A. J. Gordon[2]
Boston, dezembro de 1894.

---

[2] Você encontrará uma breve biografia de A. J. Gordon no final deste livro (N. do E.).

Introdução

(De F. B. Meyer)[3]

É impressionante o número de pessoas que nesses últimos dias foram levadas a considerar o sublime assunto deste livro. Sem dúvida, a mente da Igreja está sendo instruída e o seu coração está sendo preparado, como nunca antes na história, para reconhecer a maior promessa tanto para ela como para o mundo: a habitação, o ministério e a cooperação do bendito Paráclito.

Cada um dos livros escritos apresenta algum novo aspecto da pessoa ou da missão do Espírito Santo, mas não me lembro de nenhum que fosse tão lúcido, tão sugestivo, tão bíblico, tão profundamente espiritual como este, escrito por meu querido amigo Dr. Gordon. Os capítulos sobre a encarnação, o revestimento e o ministério do Espírito nos são apresentados com especial frescor e utilidade. Mas a obra toda é boa, merecedora de estudo com oração. Se essas verdades forem forjadas na mente e no espírito dos servos de Deus, haverá tão grande avivamento

---

[3] **Frederic Brotherton Meyer** (1847 – 1929) foi um dos pregadores mais amados do seu tempo e por mais de 20 anos expositor da Conferência de Keswick. Spurgeon dizia dele: "Meyer prega como um homem que viu Deus face a face". Foi influenciado por D. L. Moody quanto ao evangelismo e inflamado por Evan Roberts por avivamento. Foi um homem da Palavra e durante a sua vida longa e frutífera pregou mais de 16.000 sermões. Foi ministro da Igreja de Cristo em Londres, autor de mais de 40 livros, diversos folhetos e editou várias revistas. Christian Chen ressalta sua obra *The Crist Life for The Self* em sua lista dos 101 clássicos cristãos, publicada pela Obra Cristã – À Maturidade em 1995 (N. do E.).

da pura e imaculada religião nas igrejas, e tão maravilhosos resultados por meio deles no mundo, que esta época poderia encerrar-se com um Pentecostes de alcance mundial. E há vários indícios em outros países de que esse também é o propósito de Deus. Nada além disso poderia satisfazer as mais profundas necessidades e os anseios dos nossos dias.

O cristianismo se vê acossado por tendências poderosas, as quais insidiosamente operam para desviá-lo do seu curso. O materialismo, que nega ou desconsidera o sobrenatural e concentra a atenção em melhorar as condições exteriores da vida humana; o criticismo, engenhoso na análise e na dissecação, não consegue entretanto construir um fundamento onde a faculdade religiosa humana possa firmar-se e sobre a qual possa repousar; e um delicado gosto literário, muito desenvolvido ultimamente, destinado a opinar com palavras fortes ou por meio de sutil e delicado palavrório.

Para tudo isso temos apenas uma resposta, que não é um sistema, um credo, uma igreja; nossa resposta é o Cristo vivo, que foi morto, mas vive eternamente e possui as chaves para destrancar toda perplexidade, todos os problemas, todos os fracassos. Mesmo que fosse possível reconstruir a sociedade, e todas as necessidades materiais fossem sempre supridas, o descontentamento afloraria novamente de alguma outra forma, a não ser que o coração estivesse satisfeito com o Seu amor. Somente a verdade que Ele revela à alma, e que se encontra confinada n'Ele, é capaz de aplacar a fome devoradora da mente por fatos sobre os quais possa fundamentar sua resposta às questões da vida, do destino e de Deus, que estão sempre à sua porta em busca de soluções. E os homens, contudo, ainda não aprenderam que o maior poder não reside em palavras ou metáforas ou rasgos de eloquência, mas na habitação e no efeito da Palavra, que é a sabedoria e o poder de Deus, e que opera em regiões mais íntimas do que essas onde a mente labora em vão.

Jesus Cristo, o eterno Filho de Deus, é a suprema resposta à inquietação e angústia dos nossos dias. Mas Ele não pode e não irá revelar-Se a Si mesmo. A revelação de cada Pessoa da Santa

Trindade é feita por outra Pessoa da Trindade. O Filho revela o Pai, mas a Sua própria revelação depende do testemunho do Espírito Santo, e embora muitas vezes ela seja dada diretamente, basicamente se dá por meio da Igreja. Aquilo que precisamos, então, e aquilo que o mundo está esperando é o Filho de Deus, por meio do testemunho e da radiante beleza do ministério do Espírito Santo, o qual capacita os santos, que formam o santo e místico corpo de Cristo, a Igreja.

    É necessário ressaltar essa distinção. Em alguns meios parece que se supõe que o próprio Espírito Santo seja a solução para as perplexidades do nosso tempo. Não sabemos o que nos espera no futuro, mas em nossos dias está claro que Deus, na pessoa de Cristo, é a única resposta divina. Aqui está o sim e o amém de Deus, o Alfa e o Ômega, a vista para os cegos, a cura para os paralíticos, a purificação para os imundos, a vida para os mortos, o evangelho para os pobres, tristes e desconsolados. Agora ansiamos pela graciosa concessão do Espírito, para que Ele nos revele as coisas mais profundas de Cristo. Quando os discípulos quiseram conhecer o Pai, o Senhor disse: "Aquele que me vê a mim vê o Pai. É a Sua glória que brilha no meu rosto, é a Sua vontade que modela a minha vida, é o Seu propósito que se cumpre no meu ministério". Assim também o bendito Paráclito voltará nosso pensamento e atenção de Si mesmo para Cristo, com quem Ele é um na Santa Trindade e a quem Ele veio revelar.

    Através dos chamados séculos cristãos a voz do Espírito Santo deu testemunho do Senhor, diretamente e também através de intermediários. Diretamente, em cada extenso despertamento da consciência humana, em cada reavivamento religioso, em cada época de avanço no conhecimento da verdade divina, em cada alma que foi regenerada, confortada ou ensinada. Através de intermediários, a sua obra foi desenvolvida pela Igreja, o corpo de Cristo formado por aqueles que creem. Mas, lamentavelmente, seu testemunho foi enfraquecido e atrapalhado pelo meio que o originou (a Igreja). Ela não foi capaz de realizar grandes obras por causa da incredulidade, que manteve interditadas as avenidas pelas quais o Espírito Santo teria derramado o Seu alegre testemunho a respeito do invisível e glorificado Senhor.

As divisões da Igreja, as suas rixas a respeito de assuntos de pouca importância, a supervalorização de pontos de divergência, o seu materialismo, o seu amor ao dinheiro, aos lugares de destaque e ao poder, o fato de ela considerar-se rica e abastada sem precisar de nada, quando era pobre, e miserável, e cega, e nua – essas coisas não só roubaram o testemunho dela, mas também ofenderam e extinguiram o Santo Espírito e anularam o Seu testemunho.

Nós alegremente saudamos os sinais de que esse período de apatia e resistência esteja chegando ao fim. A Igreja que está nas igrejas está se fazendo notar, está se levantando do pó e está se vestindo com seus lindos trajes. Há um amplo reconhecimento da unidade de todos os que creem, juntamente com um crescente desejo de magnificar os pontos de concordância e minimizar os pontos divergentes. As grandes conferências para o avivamento da vida espiritual em ambos os lados do Atlântico, nas quais os crentes se encontram, sem reparar em nomes ou denominações, estão produzindo um incalculável benefício ao destruir as antigas linhas de demarcação e gerando verdadeira unidade espiritual. O ensino sobre consagração e limpeza de coração e vida está removendo esses obstáculos, que restringiram e abafaram a suave voz do Espírito. Tem-se recorrido largamente ao método purificador de Deus, com os melhores resultados. E à medida que os crentes têm se tornado mais consistentes e devotados, eles têm crescido em sensibilidade ao poder interior e à evidência do Espírito Santo.

Se esse glorioso movimento alcançar o seu pleno propósito, será glorioso o efeito. A Igreja se tornará tão dócil ao divino Morador como se tornou o corpo ressuscitado do nosso Senhor ao impulso da Sua natureza divina. E dessa forma o Senhor Jesus se tornará cada vez mais o objeto da esperança humana, o centro em torno do qual circulará a vida humana.

Este volume foi preparado para que o Senhor Jesus seja dessa forma magnificado e glorificado pelo ministério do Espírito

Santo. E com esse fim em vista, que o coração e a vida dos crentes se tornem mais sensíveis e receptivos à Sua bendita energia. E eu adiciono o meu testemunho ao do amado autor, para que a boca de duas testemunhas estabeleça toda palavra. E junto a minha oração à dele, para que o sim do Espírito à grande voz do evangelho possa ser ouvido mais clara e constantemente entre nós.

1

A Missão Terrena do Espírito

> *É evidente que a dispensação em que nos encontramos é a do Espírito, a Terceira Pessoa da Santa Trindade. Na divina economia, foi confiado a Ele o ofício de aplicar a redenção do Filho às almas dos homens por meio da vocação, justificação e salvação dos eleitos. Por essa razão, estamos sob a direção pessoal da Terceira Pessoa, tão verdadeiramente como os apóstolos estiveram sob a direção da Segunda Pessoa.*
>
> Henry Edward Manning[4]

Enquanto estamos escrevendo, temos diante de nós algumas reflexões sobre a doutrina do Espírito. Em uma delas, um eminente mestre de teologia comenta a respeito da atenção desproporcional que se tem dado à Pessoa e à obra do Espírito Santo, em comparação com a atenção dispensada à vida e ao ministério de Jesus Cristo. Ele afirma também que em muitas obras a esse respeito há uma imprecisão nos pensamentos, deixando muito a desejar na forma de tratar do assunto.

---

[4] (1808-1892) Cardeal e Arcebispo da Igreja Católica Apostólica Romana, titular da Catedral de Westminster, Inglaterra (N. do E.).

Essas observações nos levam a perguntar: por que não empregar, ao escrever sobre a Terceira Pessoa da Trindade, o mesmo método que usamos ao considerar a Segunda Pessoa? Há um grande número de obras escritas a respeito da vida de Cristo, e percebemos nelas, quase sem exceção, que a história começa em Belém e termina no monte das Oliveiras. Embora o Salvador tenha vivido antes mesmo da Encarnação, e continue vivo após a Sua ascensão, contudo essa delimitação confere certa definição à Sua existência na História, fazendo distinção entre a Sua vida terrena e a Sua vida invisível na eternidade.

Dessa forma, ao considerarmos o Espírito Santo, cremos ser vantajoso fazer distinção entre o Seu ministério terreno e o Seu ministério anterior e posterior, estabelecendo os limites pelo dia de Pentecostes, de um lado, e pela segunda vinda de Cristo, do outro. Confessamos que, sob muitos aspectos, um dos melhores tratados sobre o Espírito Santo que encontramos é de autoria de um católico romano — o cardeal Manning. Apesar dos erros doutrinários, abundantes nesse volume, a sua concepção geral sobre o assunto é, em alguns aspectos, admirável. O título do livro dele é *A Missão Terrena do Espírito Santo*. Quão sugestivo é esse título! Da mesma forma que Jesus Cristo veio ao mundo para cumprir um ministério terreno e, havendo-o cumprido, voltou ao Pai, assim também o Espírito Santo — Ele veio ao mundo em um determinado momento para cumprir uma missão definida. Ele agora está realizando seu ministério terreno, e no tempo apropriado o completará e voltará novamente ao céu — é isso que sugerem essas palavras e é, segundo cremos, o que ensinam as Escrituras. Assim, se tivermos uma correta concepção do presente ministério terreno do Espírito, teremos um claro ponto de vista para estudar as Suas operações no passado e a Sua maior missão, se houver, nas eras vindouras.

É nosso parecer que a imprecisão e as dúvidas sobre a doutrina do Espírito se devem grandemente à falha em reconhecer o Seu ministério terreno, em distinção a tudo o que ocorreu antes e ao que virá depois desse período — um ministério com início e fim definidos. Ninguém consegue ler o discurso de despedida de nosso

Senhor, conforme registrado no evangelho de João, sem ficar impressionado com o fato de que, de forma tão definida como a Sua vinda foi predita por profetas e anjos, Ele, agora, anuncia a vinda de outro ao mundo, igual a Si mesmo, o Seu divino sucessor, o seu "alter ego"[5] na misteriosa unidade da Divindade.

Além disso, parece-nos claro que Ele indica que O Espírito Santo não virá apenas para uma obra específica, mas sim para um período específico: "... e ele vos dará outro Consolador, a fim de que esteja para sempre convosco" (Jo 14.16) — *eis ton aiwna* (no grego). Se traduzirmos literalmente, dizendo *"para este período de tempo"*, o pensamento estará de acordo com uma passagem paralela. Ao dar a grande comissão, Jesus diz: "E eis que estou convosco todos os dias *até à consumação do século*" (Mt 28.20). É evidente que Ele está se referindo à Sua presença pelo Espírito Santo. A perpetuidade dessa presença é garantida – "estou convosco todos os dias" – e os seus limites são determinados: *"até à consumação do século"*.

Não é necessário argumentar que Ele talvez não esteja mais aqui depois que acabar esta dispensação, mas parece haver uma clara implicação de que existe algo como uma missão terrena do Espírito Santo. E um estudo mais pormenorizado confirmará essa visão. A presente dispensação é a do Espírito Santo; a missão terrena que Ele iniciou no dia de Pentecostes está agora em andamento e vai continuar até que o Senhor Jesus retorne do céu, quando se iniciará outra ordem, e em lugar do presente ministério dispensacional haverá outro.

Na bem conhecida obra de Moberly, *The Administration of the Holy Spirit in the Body of Christ* [O Ministério do Espírito Santo no Corpo de Cristo], o autor divide o progresso da redenção em três estágios: a primeira era, Deus o Pai; a segunda era, Deus o Filho; e a terceira era, Deus o Espírito Santo. Essa divisão parece correta, e também parece correto o seu comentário a respeito do

---

[5] Locução latina, do latim *alter, altera, alterum*, outro + *ego*, eu: "outro eu"; pessoa em quem se deposita a máxima confiança (Dicionário on-line Priberam da Língua Portuguesa) (N. do T.).

início do último desses períodos no dia de Pentecostes: "Naquele momento, finalmente teve início o terceiro estágio da manifestação de Deus para a restauração do mundo, a qual não se encerrará até o restabelecimento de todas as coisas, quando o Filho do Homem virá outra vez nas nuvens do céu, da mesma forma que os discípulos O viram subindo ao céu". E qual será o próximo período – "o século vindouro" –, cujos poderes já provaram aqueles que foram feitos "participantes do Espírito Santo"? Não é necessário responder essa pergunta se fizemos nosso dever de casa, definindo a era de atuação do Espírito Santo, à qual restringiremos a discussão do nosso assunto.

2

A Vinda do Espírito

> *Portanto, nesse dia de Pentecostes, o Espírito Santo desceu e encheu a casa dos Seus apóstolos como um aguaceiro de santificação, os quais Ele havia preparado para Si mesmo, vindo não mais como um visitante passageiro, mas como um perpétuo Consolador para uma eterna habitação. Dessa forma, Ele veio para os Seus discípulos, não mais pela graça da visitação ou da operação neles, mas pela própria presença da Sua majestade.*
>
> Agostinho[6]

"... pois o Espírito *até aquele momento não fora dado...*" (Jo 7.39) é a palavra mais do que surpreendente de Jesus ao falar do "Espírito que haviam de receber os que nele cressem". Mas o Espírito não havia sido visto descer sobre Jesus como pomba e pousar sobre Ele? Não fora Ele o divino agente na criação e na iluminação e inspiração dos patriarcas, profetas e videntes da

---

[6] **Agostinho** (354-430), um dos maiores teólogos da história eclesiástica. Exerceu grande influência na cristandade ocidental, fazendo com que evoluísse no entendimento das doutrinas acerca da Trindade, do pecado, da predestinação e da "Igreja". Ficou conhecido por integrar à teologia as categorias de pensamento da filosofia platônica (N. do E.).

antiga dispensação? Como pôde então Jesus dizer que Ele "não fora dado"? A resposta a essa questão fornece o melhor ponto de partida para um estudo inteligente da doutrina do Espírito.

Agostinho chama o dia de Pentecostes de *"dies natalis"* do Espírito Santo, pela mesma razão por que chamamos de "dia do nascimento de Jesus Cristo" o dia em que Maria "deu à luz o seu filho primogênito". Contudo, Jesus existia antes de ser colocado na manjedoura em Belém; "Ele estava no princípio com Deus" (Jo 1.2); Ele participou da criação. Todas as coisas foram feitas por intermédio d'Ele. Mas no dia do Seu nascimento Ele Se encarnou, para que na carne pudesse executar Seu grande ministério como o Apóstolo e Sumo Sacerdote da nossa confissão (Hb 3.1), manifestando Deus aos homens e fazendo de Si mesmo uma oferta pelos pecados do mundo.

Somente depois do Seu nascimento em Belém é que Jesus esteve no mundo em Sua posição oficial, em Seu ministério divino como mediador entre o homem e Deus. Dessa mesma forma, é somente depois do dia de Pentecostes que o Espírito Santo Se encontrou no mundo em sua esfera oficial, como mediador entre os homens e Cristo. É nos seguintes sentidos, então, que o dizer de Agostinho é verdadeiro, ao chamar o dia de Pentecostes de "o nascimento do Espírito":

1. O Espírito Santo, daquele momento em diante, passou a residir na Terra. A Igreja cristã, por toda esta dispensação, é a habitação do Espírito, tão verdadeiramente como o céu é a habitação de Jesus Cristo. Isso está de acordo com a sublime palavra de Jesus, denominada por alguém como "a maior promessa que é possível fazer ao homem": "Se alguém me ama, guardará a minha palavra; e meu Pai o amará, e viremos para ele *e faremos nele morada*" (Jo 14.23). Essa promessa se cumpriu no dia de Pentecostes, e as duas primeiras Pessoas da Divindade agora fazem morada na Igreja por meio da terceira.

O Espírito Santo, durante o tempo presente, está em missão oficial na Terra; e toda presença espiritual e comunhão divina da Trindade com os homens se dá por meio d'Ele. Em outras palavras, enquanto o Pai e o Filho estão real e pessoalmente no céu, Eles estão de forma invisível aqui no corpo dos fiéis, pela habitação do Consolador. Dessa forma, embora afirmemos que no dia de Pentecostes o Espírito Santo veio habitar na Terra por toda esta dispensação, com isso não queremos sugerir que Ele tenha deixado de estar no céu. Deus não é como o homem finito, que pode estar em apenas um lugar ao mesmo tempo.

Jesus afirmou algo a Seu próprio respeito tão misterioso e aparentemente contraditório que já se fizeram muitas tentativas para explicar seu sentido literal e óbvio: "Ora, ninguém subiu ao céu, senão *aquele que de lá desceu, a saber, o Filho do Homem que está no céu*" (Jo 3.13) — Cristo na Terra e ao mesmo tempo na glória; aqui e lá, ao mesmo tempo, exatamente como um pensamento que transformamos em palavra e lançamos da mente, contudo permanece na mente de forma tão real e distinta como antes de ser expresso. Por que essa palavra de nosso divino Senhor parece incrível? E da mesma forma que acontece com o Filho, assim também com o Espírito. O Espírito Santo está aqui, habitando perpetuamente na Igreja; e Ele está igualmente lá, em comunhão com o Pai e com o Filho, de quem procede, e dos quais, como participante da Divindade, jamais pode Se separar, assim como o raio solar não pode se separar do sol, de onde provém.

2. Além disso, o Espírito Santo, em um sentido místico, mas muito real, assumiu forma humana na Igreja no dia de Pentecostes. Com isso não estamos de forma alguma dizendo que essa encarnação seja igual à que ocorreu com a segunda Pessoa da Trindade. Quando "o Verbo se fez carne e habitou entre nós", foi a união de Deus com o gênero humano sem pecado; aqui temos o Espírito Santo unindo-Se com a Igreja em sua condição imperfeita e militante. Apesar disso, é declaração literal das Escrituras que o corpo dos fiéis é habitação do Espírito divino.

É nesse fato que temos a peculiaridade distintiva da presente dispensação. "... porque ele habita convosco *e estará em vós*" (Jo 14.17), disse Jesus, falando da vinda do Consolador;

e essa profecia se cumpriu de tal forma, que depois do dia de Pentecostes se diz que o Espírito Santo habita na Igreja. *"... se, de fato, o Espírito de Deus habita em vós"* (Rm 8.9) é a compreensão inspirada da qual procede o profundo ensino do capítulo oito de Romanos. Todo o reconhecimento e honra que os discípulos atribuíam ao seu Senhor eles agora dão ao Espírito Santo, Seu verdadeiro substituto, o Seu eu invisível, presente no corpo dos crentes. Isso transparece claramente na decisão do primeiro concílio de Jerusalém: "... pareceu bem *ao Espírito Santo e a nós...*" (At 15.28) — como se dissessem: "Estiveram presentes Pedro, Tiago, Barnabé e Paulo, tão verdadeiramente como também estava presente o Espírito Santo".

E quando Ananias e Safira conspiraram e mentiram, cometendo o primeiro pecado mortal na Igreja, Pedro pergunta: "Ananias, por que encheu Satanás teu coração, para que mentisses ao Espírito Santo... ?" (At 5.3). Dessa forma, não somente se reconhece a presença pessoal do Espírito na pessoa dos crentes, mas Ele está ali em autoridade e supremacia, como o centro da assembleia. "Encarnado na Igreja!" — é isso que afirmamos? Obtivemos essa concepção ao comparar as características de Cristo e da Igreja. "Este santuário" — foi esse o nome que Ele deu à Sua própria pessoa divina, para escândalo e indignação dos judeus; e o evangelista nos explica: "Ele, porém, se referia ao santuário do seu corpo" (Jo 2.21). Uma metáfora, um tipo — é isso que dizemos? Não! Ele disse isso porque era assim mesmo. "E o Verbo se fez carne e habitou[7] entre nós, cheio de graça e de verdade, e vimos a sua glória" (Jo 1.14). Isso é a figura de um templo.

"Tabernaculou" — *eschnwsen* (grego) — é a palavra usada nas Escrituras para a habitação de Deus com os homens, e o templo é o lugar de habitação de Deus. A "glória" também está em harmonia com essa mesma ideia. Assim como a nuvem

---

[7] Literalmente, conforme o grego, *ele estabeleceu a sua tenda*. A versão usada pelo autor usa a palavra *tabernaculou,* neologismo que se justifica pelo sentido transitório da morada física de Cristo entre os homens (N. do T.).

da *Shekinah* repousava acima do propiciatório, símbolo e sinal da presença de Deus, também, vinda do Santo dos Santos do coração do nosso bendito Senhor, brilha a glória de Deus, "glória como a do Unigênito do Pai", "cheio de graça e de verdade", atestando ser Ele o verdadeiro templo do Altíssimo.

Depois da ascensão de Jesus e do envio do Espírito Santo, a Igreja assume o nome que pertencia anteriormente ao seu Senhor; ela é o templo de Deus, o único existente na Terra durante a presente dispensação. "Acaso, não sabeis que o vosso corpo é santuário do Espírito Santo...?", pergunta o apóstolo (1 Co 6.19). Ele dirige essa palavra à Igreja como corpo. "... também *vós juntamente estais sendo edificados* para habitação de Deus no Espírito" — essa é a sublime descrição que encontramos em Efésios 2.22. Por ora é suficiente destacar o fato de que aqui se usa para a Igreja a mesma linguagem que Cristo usou em referência a Si mesmo. Acontece o mesmo com a Cabeça e com o corpo místico; eles são habitação do Espírito Santo, e assim Deus, de certa forma, está encarnado em ambos e pela mesma razão.

Cristo é "a imagem do Deus invisível" (Hb 1.3) e quando esteve entre os homens, na carne, podia dizer-lhes: "Quem me vê a mim vê o Pai" (Jo 14.9). Até onde sabemos, a única maneira de o Deus desconhecido tornar-Se conhecido, e o Deus invisível tornar-Se visível, era por meio da encarnação. Por isso, depois de Cristo haver retornado ao Pai, e o mundo não podia mais vê-lO, Ele enviou o Paráclito para encarnar no Seu corpo místico, a Igreja. Assim como o Pai Se revelou através do Filho, este Se revela pelo Espírito Santo por meio da Igreja. Da mesma maneira que Cristo era a imagem do Deus invisível, a Igreja é destinada a ser a imagem do Cristo invisível; e os Seus membros, quando forem glorificados com Ele, serão a expressa imagem da Sua pessoa.

Esse é, então, o mistério e a glória da presente dispensação. Apesar de ser algo misterioso, nem por isso é menos verdadeiro; por ser algo glorioso, nem por isso é menos prático. Encontramos, numa admirável obra a respeito do Espírito Santo, a diferença entre a manifestação do Espírito antes e depois:

"Na antiga dispensação, o Espírito Santo operava *por meio* dos crentes, mas não habitava nem pessoal nem permanentemente neles. Ele vinha sobre os homens; Ele não Se encarnava no homem. Seu agir era intermitente; Ele ia e vinha como a pomba que Noé soltou da arca, a qual ia e vinha, sem encontrar lugar de repouso. Já na nova dispensação, Ele reside, Ele habita no coração como a pomba, o Seu símbolo, que João viu descer e pousar na cabeça de Jesus. Comprometido com a alma, o Espírito saiu frequentemente para ver sua noiva, mas ainda não era um com ela; o casamento só se consumou no dia de Pentecostes, após a glorificação de Jesus Cristo"[8].

3. Uma razão ainda mais óbvia pela qual, antes do dia de Pentecostes, se podia dizer que "ainda não havia Espírito" encontra-se nas seguintes palavras: "porque Jesus não havia sido ainda glorificado" (Jo 7.39). No descortinar das eras, vemos cada uma das pessoas da Divindade exercendo, a seu turno, um ministério terreno e lidando com o homem na obra da redenção. Sob a lei, Deus o Pai desceu à Terra e falou aos homens da nuvem no Sinai e da glória acima do propiciatório. Sob a graça, Deus o Filho veio ao mundo, ensinando, sofrendo, morrendo e ressuscitando. Sob a dispensação da eleição e da obra agora em andamento, o Espírito Santo está aqui desenvolvendo a obra de renovação e santificação da Igreja, a qual é o corpo de Cristo.

Há uma sequência necessária nesses ministérios divinos, tanto com respeito ao tempo quanto com respeito à sua natureza. Na época de Moisés era possível dizer: "Cristo ainda não existe", uma vez que a economia de Deus ainda não havia sido completada. Era preciso que a lei fosse dada primeiro, com seus sacrifícios, tipos, cerimônias e sombras; o homem tinha de ser testado debaixo da lei, até que o tempo designado do seu treinamento se completasse. *Aí, então,* Cristo teria de vir para representar

---

[8] *The Work of the Holy Spirit in Man* (A obra do Espírito Santo no homem), Pastor G. F. Tophel, p. 32.

todos os tipos e completar todos os sacrifícios em Si mesmo; para fazer por nós "o que fora impossível à lei, no que estava enferma pela carne" (Rm 8.3), e para tornar-se "o fim da lei... para justiça de todo aquele que crê" (Rm 10.4). Quando, por sua vez, Cristo completou a obra da redenção ao morrer na cruz por nossos pecados, ressuscitou dos mortos para nossa justificação e assumiu Seu lugar à direita de Deus para ser o perpétuo intercessor, *aí, então,* o Espírito Santo desceu para comunicar à Igreja e para operar nela a obra consumada por Cristo. Em suma, assim como Deus o Filho completa a obra de Deus o Pai para os homens, assim Deus o Espírito Santo torna real aos corações humanos a obra de Deus o Filho.

Há uma santa deferência, por assim dizer, entre as Pessoas da Trindade com respeito aos seus respectivos ministérios. Quando Cristo estava exercendo o Seu ministério na Terra, o Pai nos remetia a Ele, falando do céu e dizendo: "Este é o meu Filho amado; a Ele ouvi" (Mc 9.7). Quando o Espírito Santo inicia Seu ministério terreno, Cristo nos remete a Ele, também falando do céu, com ênfase repetida sete vezes, dizendo: "Quem tem ouvidos, ouça o que o Espírito diz às igrejas"[9]. Assim como cada Pessoa nos remete ao ensino da outra, cada uma, por sua vez, completa o ministério da outra. As palavras e as obras de Cristo não eram d'Ele mesmo, mas do Pai: "As palavras que eu vos digo não as digo por mim mesmo; mas o Pai, que permanece em mim, faz as suas obras" (Jo 14.10). O ensino e as mensagens do Espírito não são d'Ele mesmo, mas de Cristo: "... quando vier, porém, o Espírito da verdade, ele vos guiará a toda a verdade; *porque não falará por si mesmo, mas dirá tudo o que tiver ouvido* e vos anunciará as coisas que hão de vir. *Ele me glorificará, porque há de receber do que é meu e vo-lo há de anunciar"* (Jo 16.13-14).

Essa ordem nos ministérios das Pessoas da Divindade é tão definida e eterna, que a encontramos claramente prenunciada até mesmo nos tipos apresentados no Antigo Testamento. Há muitas pessoas que se referem com desprezo aos tipos, mas na

---

[9] Veja Ap 2.7, 11, 17, 29; 3.6, 13, 22. (N. do T.).

verdade eles são tão precisos como a matemática. Eles estabelecem a sequência dos eventos na redenção com tanta exatidão como o nascer e o pôr do sol nos céus. No templo, por exemplo, jamais se verá a bacia de água colocada antes do altar. O altar é o Calvário, e a bacia de água é o dia de Pentecostes. Um representa o sangue do sacrifício, o outro representa o Espírito santificador. Se algum sumo sacerdote descuidadamente se achegasse à bacia de bronze sem antes ter passado pelo altar de bronze, poderíamos esperar uma voz de repreensão vinda do céu: "Ainda não é hora de lavar-se com água"; e isso significaria exatamente a mesma coisa que: "Ainda não havia Espírito".

Quando o leproso ia ser purificado, repare que o sangue tinha de ser colocado sobre a ponta da sua orelha direita, sobre o polegar da sua mão direita e sobre o polegar do seu pé direito. Depois disso seria colocado o óleo sobre a orelha direita, o polegar da mão direita e o polegar do pé direito — *o óleo sobre o sangue da oferta pela transgressão* (Lv 14). Tornamos a dizer: nunca, em todas as variadas repetições dessa cerimônia divina, se inverteu a ordem, de forma que se aplicasse primeiro o óleo e depois o sangue. Isso significa, quando comparamos o tipo ao antítipo, que era impossível que o Pentecostes precedesse o Calvário, ou que o derramamento do Espírito pudesse ter vindo antes do derramamento do sangue.

Percebemos, assim, que não somente a ordem desses dois grandes eventos da redenção foi estabelecida desde o princípio, mas a data deles foi marcada no calendário dos acontecimentos típicos. A morte do cordeiro pascal indicou, de geração em geração, embora eles não o soubessem, o dia do ano e a semana em que Cristo, nossa Páscoa, seria sacrificado por nós. A apresentação ao Senhor do molho das primícias da messe, "no dia imediato ao sábado", por longos anos estabeleceu o dia da ressurreição do nosso Senhor no primeiro dia da semana. E o mandamento "contareis para vós outros desde o dia imediato ao sábado, desde o dia em que trouxerdes o molho da oferta movida; *sete semanas inteiras serão*" (Lv 23.11-16) determinou o dia de Pentecostes como o dia da descida do Espírito Santo.

Às vezes pensamos que os discípulos estavam esperando um tempo indefinido naquele cenáculo, aguardando o cumprimento da promessa do Pai. O tempo estava determinado não apenas com Deus na eternidade, mas também no calendário dos rituais hebraicos na Terra. Eles aguardaram dez dias em oração, simplesmente porque depois dos quarenta dias que o Senhor andou com os discípulos após a Sua ressurreição restavam dez dias para completar as "sete semanas".

Para resumir o que estamos dizendo, o Espírito de Deus é o sucessor do Filho de Deus em Seu ministério oficial na Terra. Enquanto a obra terrena de Cristo em favor da Sua Igreja não estivesse completa, a obra do Espírito neste mundo não podia começar. O ofício do Espírito Santo é comunicar Cristo a nós — Cristo em Sua inteireza. Não importa quão bem se prepare o fotógrafo, não haverá fotografia enquanto a pessoa que vai ser fotografada não estiver em foco. A obra redentora do nosso Salvador não se completou quando Ele morreu na cruz, ou quando ressuscitou de entre os mortos, ou mesmo quando ascendeu aos céus no monte das Oliveiras. Somente quando Ele Se assentou no trono do Seu Pai, consumando em Si mesmo todo o Seu ministério — "eu sou... aquele que vive; estive morto, mas eis que estou vivo pelos séculos dos séculos" (Ap 1.18) — é que o Cristo completo estava pronto para ser comunicado à Sua igreja[10]. O primeiro pecado de Adão interrompeu a comunhão do homem com Deus, e a sua união foi rompida. Quando o último Adão, depois da cruz e da ressurreição, assumiu Seu lugar à direita de Deus, restaurou-se essa comunhão interrompida. São muito lindas as palavras do nosso Salvador ressurreto quando trata

---

[10] "Somente quando Cristo alcançou o Seu objetivo é que Ele passou como herança aos Seus seguidores as graças que caracterizaram o Seu andar aqui na Terra; o Elias que subiu deixou para trás o seu manto. É uma mera extensão do mesmo princípio, que o claro ofício do Espírito Santo seja completar a imagem de Cristo em cada seguidor fiel, operando neste mundo uma morte e uma ressurreição espiritual – algo comprovado em cada epístola –, *a imagem não podia ser estampada até que a realidade fosse plenamente consumada; o divino Artista não podia descer para fazer a cópia antes que o original estivesse totalmente pronto*" (Archer Butler).

esse assunto: "Subo para meu Pai e vosso Pai, para meu Deus e vosso Deus" (Jo 20.17)[11]. O lugar que o divino Filho conquistou no coração do Pai Ele conquistou para nós também. Toda aceitação e posição e privilégio que agora era d'Ele também era nosso, por direito de redenção; e o Espírito Santo foi enviado para confirmar isso e nos fazer compreender aquilo que Cristo conquistou por nós. Sem a obra expiatória de Cristo em nosso favor seria impossível a obra santificadora do Espírito em nós; e sem a obra do Espírito em nós, a obra de Cristo em nosso favor teria sido em vão.

"*Ao cumprir-se o dia de Pentecostes.*" Agora estamos aptos a ver o que essas palavras significam histórica, típica e doutrinariamente. O verdadeiro molho movido havia sido apresentado no templo celestial. Cristo, as primícias, erguido do túmulo no "dia imediato ao sábado", ou seja, no primeiro dia da semana, agora está diante de Deus, aceito em nosso favor. Os sete sábados (sete semanas) a partir do dia da ressurreição foram contados, e o Pentecostes já veio. Então, subitamente, aos que estavam "todos reunidos no mesmo lugar... veio do céu um som, como de um vento impetuoso, e encheu toda a casa onde estavam assentados. E apareceram, distribuídas entre eles, línguas, como de fogo, e pousou uma sobre cada um deles. Todos ficaram cheios do Espírito Santo..." (At 2.1-4). Da mesma forma que a manjedoura de Belém foi o berço do Filho de Deus, assim o cenáculo foi o berço do Espírito de Deus. Da mesma forma que a vinda do "santo Filho Jesus" (At 4.27, 30 – ARC) foi um testemunho de que Deus "visitou e redimiu o seu povo" (Lc 1.68), assim foi a vinda do Espírito Santo.

O fato de que o Consolador está aqui é prova de que o Advogado está lá, na presença do Pai. Pedro e os demais apóstolos agora confrontam as autoridades religiosas com o seu testemunho: "... a quem vós matastes, pendurando-o num madeiro. Deus,

---

[11] "Cristo e o Pai são um, e o Pai é Seu Pai por direito de natureza; contudo, quanto a nós, Deus tornou-se nosso Pai por meio do Filho, não por direito de natureza, mas por graça" (Ambrósio).

porém, com a sua destra, o exaltou a Príncipe e Salvador, a fim de conceder a Israel o arrependimento e a remissão de pecados. Ora, nós somos testemunhas destes fatos, *e bem assim o Espírito Santo, que Deus outorgou aos que lhe obedecem"* (At 5.30-32). Assim como o som dos sinetes de ouro das vestes do sumo sacerdote testificavam no Santo dos Santos que ele estava vivo, o som do Espírito Santo, vindo do céu e ouvido naquele cenáculo, era testemunha incontestável de que o grande Sumo Sacerdote a quem eles tinham acabado de ver passando através da cortina de nuvens, entrando além do véu, estava vivo, por eles, na presença do Pai. Dessa forma, havia chegado o *"dies natalis"*, o nascimento do Espírito Santo. Nos próximos capítulos consideraremos os detalhes da Sua missão terrena.

3

Os Nomes do Espírito

O nome Paráclito se aplica tanto a Cristo como ao Espírito, e com razão, visto que é ofício tanto de um como de outro nos consolar, encorajar e nos defender, preservando-nos. Cristo foi o protetor deles [dos discípulos] enquanto estava neste mundo; depois Ele os confiou à direção e proteção do Espírito. Se alguém nos perguntar se não estamos sob a direção de Cristo, é fácil responder: Cristo é um guardião perpétuo, mas não visível. Durante o tempo em que andou na Terra, Ele mostrou-Se abertamente como o guardião deles; agora Ele nos preserva por meio do Seu Espírito. Ele denominou o Espírito de "outro Consolador", devido à diferença que vemos nas bênçãos procedentes de cada um.

João Calvino[12]

O anjo deu ao Filho de Deus Seu nome antes que fosse concebido no ventre de Maria: "... e lhe porás o nome de Jesus, porque ele salvará o seu povo dos pecados

---

[12] **João Calvino** (1509-1564) foi um dos grandes teólogos e estudiosos da Reforma. No cerne do pensamento de Calvino, sobretudo como se vê em suas *Institutas da Religião Cristã*, está a soberania de Deus. O calvinismo tornou-se o desenvolvimento histórico do pensamento de Calvino com base nas *Institutas* e seus princípios mais importantes são: depravação total, eleição incondicional, expiação limitada, graça irresistível e perseverança dos santos (N. do E.).

deles" (Mt 1.21). Dessa forma, Ele veio não para receber um nome, mas para consumar um nome já predeterminado. De forma semelhante, o Espírito Santo foi chamado por nosso Senhor antes de chegar ao mundo: "Quando, porém, vier o Consolador, que eu vos enviarei da parte do Pai..." (Jo 15.26). Esse nome do Espírito Santo ocorre aqui a primeira vez — um novo nome para o novo ministério que Ele está prestes a iniciar. O leitor encontrará em quase todo comentário crítico discussões sobre o significado dessa palavra e sobre a tradução correta, quer seja "Consolador", "Advogado", "Mestre" ou "Ajudador".

No entanto, a questão não se resolve plenamente quando apelamos ao grego clássico ou patrístico, conforme eu acredito, por ser esse um nome divinamente concedido, cujo verdadeiro significado precisa ser evidenciado na própria vida e história do Espírito Santo. O nome é a própria pessoa, e é somente à medida que a conhecemos que podemos traduzir o seu nome. Por que, então, tentar traduzir essa palavra mais do que tentamos fazê-lo com o nome de Jesus? Poderíamos chegar ao ponto de explicá-la em nossa própria língua, deixando de lado a história da Igreja desde os Atos dos Apóstolos até a experiência do último santo, para perceber a riqueza de significado que ela contém. Uma coisa é certa: a linguagem do Espírito Santo não pode nunca ser plenamente compreendida recorrendo-se ao dicionário. O coração da Igreja é o melhor dicionário do Espírito. Embora todos os sinônimos mencionados sejam corretos, nenhum deles é satisfatório, nem todos eles juntos são suficientes para expressar o pleno significado desse grande nome: "o Paráclito" (grego).

Contudo, consideremos o quanto é sugerido pelo significado literal dessa palavra, *"o Paráclito"*, e por tudo o que o Senhor Jesus diz a respeito d'Ele em Seu último discurso. "Alguém designado para ajudar" é o significado do verbo *paraclew* (grego), do qual se deriva o nome Paráclito. Por essa razão, é muito linda essa palavra quando aplicada aos discípulos de Cristo, na ocasião em que o Espírito foi dado. Eles tinham perdido a presença visível do seu Senhor. A tristeza da Sua remoção de entre eles por meio da cruz e do sepulcro se transformou em alegria, depois de três dias, pela Sua ressurreição. Mas agora outra separação tinha chegado, quando Ele partiu para o Pai, depois que a nuvem O encobriu da vista deles. Nessa última e mais longa privação, o que deveriam fazer? O seu amado Senhor de antemão lhes havia dito o que fazer. Eles deviam clamar ao Pai que lhes enviasse Alguém que preenchesse o lugar vazio, e Aquele que seria enviado seria o "Paráclito", Aquele "designado para ajudá-los"[13].

Mas quão profundas indagações não subiram ao coração deles à medida que ouviam a promessa do Salvador: "... se eu não for, o Consolador não virá para vós outros; se, porém, eu for, eu vo-lo enviarei" (Jo 16.7). Será que eles começaram a se perguntar se esse misterioso personagem seria uma "pessoa"? Não temos ideia, pois Ele tomaria o lugar da maior das pessoas, faria por eles coisas até maiores do que Ele tinha feito e os guiaria até mesmo a um conhecimento maior do que Ele havia lhes dado. À luz do último discurso de Cristo, a discussão a respeito da personalidade do Espírito Santo é tão fútil, que deliberadamente a evitamos. Por isso, vamos tratar a questão do ponto de vista das próprias palavras de Cristo, tentando nos colocar sob a impressão que essas palavras nos causam.

Coloquemos o assunto da forma mais simples possível: Jesus está para deixar o Seu oficio na Terra como mestre e profeta, mas antes de fazê-lo Ele queria apresentar-nos ao Seu sucessor. Da mesma forma que, na resolução de um problema complicado, tentamos resolver o desconhecido por meio do conhecido, assim em Seu discurso pascal Jesus almeja familiarizar-nos com o misterioso e invisível personagem que está para vir, a Quem Ele chama de "Paráclito", por compará-lO a Si mesmo, Aquele que é conhecido e visível. Ao cotejarmos as Suas comparações, descobrimos nelas vários grupos de aparentes contradições, e exatamente o tipo de contradições que deveríamos esperar se esse que haveria de vir é de fato uma pessoa

---

[13] A palavra *parakletor* é usada na Septuaginta (Jo 16.2) com o sentido de *"Consolador"*, e o termo *parakletos* ocorre no Talmude, significando *"Intérprete"*.

da Divindade. A respeito do Paráclito que havia de vir, então, encontramos as seguintes afirmações[14]:

1. Ele é outro, contudo é igual: "E eu rogarei ao Pai, e ele vos dará outro Consolador" (Jo 14.16). Quando usa a expressão "outro", nosso Senhor faz distinção entre Si mesmo e o Paráclito, mas também O coloca no mesmo nível em que Ele mesmo está. Porque não há paridade nem mesmo comparação entre uma pessoa e uma influência. Se o visitante prometido fosse apenas uma emanação impessoal de Deus, teria sido impossível que nosso Senhor O comparasse consigo mesmo, dizendo: "Eu serei um Advogado em favor de vocês no céu (1 Jo 2.1), e vou enviar Outro para ser um Advogado em favor de vocês na Terra".

Mas se Cristo distingue, dessa forma, o Consolador de Si mesmo, Ele também O identifica consigo mesmo: "Não vos deixarei órfãos, [Eu] voltarei para vós outros" (Jo 14.18). O contexto indica claramente que essa promessa se refere à vinda do Espírito Santo. E contudo, quase ao mesmo tempo, Ele diz: "... o Consolador, o Espírito Santo, a quem o Pai enviará em meu nome..." (Jo 14.26). Dessa forma, nosso Senhor faz com que o mesmo evento seja a Sua vinda e o Seu envio; e Ele fala do Espírito, agora, como a Sua própria presença e como o Seu substituto durante a Sua ausência. Assim, forçosamente temos de concluir que o Paráclito é o "alter ego" de Cristo, a terceira Pessoa da bendita Trindade, da qual Ele, Cristo, é a segunda Pessoa.

2. O Paráclito está subordinado, embora não tenha superior em Seu ministério para a Igreja. O Espírito Santo "não falará por si mesmo, mas dirá tudo o que tiver ouvido e vos anunciará

---

[14] A razão mais evidente para inferir que o Espírito Santo é uma pessoa é que Lhe são atribuídas ações e relacionamentos que somente podem referir-se a uma pessoa. Por exemplo: *Ele fala* (At 1.16); *Ele opera milagres* (At 2.4; 8.39); *Ele constitui ministros sobre as igrejas* (At 20.28); *Ele ordena e proíbe* (At 8.29; 11.12; 13.2; 16.6-7); *Ele intercede por nós* (Rm 8.26); *Ele dá testemunho* (Rm 8.16); *Ele pode ser entristecido* (Ef 4.30); *é possível blasfemar contra Ele* (Mc 3.29); *é possível resistir a Ele* (At 7.51, etc.).

as coisas que hão de vir. Ele me glorificará, porque há de receber do que é meu e vo-lo há de anunciar" (Jo 16.13-14).

É importante notar a santa deferência entre as pessoas da Trindade, que vemos aqui em destaque. Cada uma recebe da outra aquilo que deve transmitir, e cada uma exalta a outra em louvor. Bengel diz isso resumidamente: "O Filho glorifica o Pai; o Espírito glorifica o Filho". Qual, então, é a função do Espírito Santo, tanto quanto conseguimos interpretar, senão comunicar e aplicar a obra de Cristo ao coração dos homens? Se Ele convence do pecado, Ele o faz quando expõe a graciosa obra redentora do Salvador e quando mostra aos homens a sua culpa em não crer n'Ele. Se Ele dá testemunho ao penitente de que foi aceito, Ele o faz testificando do sangue expiatório de Jesus, no qual essa aceitação se fundamenta; se Ele regenera e santifica o coração, Ele o faz comunicando a vida do Senhor ressurreto. Cristo é "tudo" em Si mesmo, e por meio do Espírito Santo é tudo "em todos" aqueles a quem o Espírito renova. Essa reverente sujeição do Consolador terreno ao Cristo celestial contém uma profunda lição para aqueles que são habitação do Espírito[15], e produz neles eterno gozo em ser testemunhas em vez de ser criadores.

Com essa subordinação do Espírito Santo a Cristo, como então poderia ser uma grande vantagem para a Igreja a partida do Salvador e a consequente vinda do Espírito Santo para tomar o lugar d'Ele? É isso que vemos claramente afirmado em João 16.7: "Mas eu vos digo a verdade: convém-vos que eu vá, porque, se eu não for, o Consolador não virá para vós outros; se, porém, eu for, eu vo-lo enviarei". Se o Espírito é meramente uma equivalência do Filho, sendo o Seu único encargo comunicar a obra do Filho, qual vantagem poderia haver na partida de um para que o outro pudesse vir? Não seria isso apenas trocar Cristo por Cristo? A Sua presença visível pela Sua presença invisível?

---

[15] "Se o Espírito Santo não fala por Si mesmo como pregador, como pode você extrair sua pregação de si mesmo – da sua cabeça ou mesmo do seu próprio coração?" (Pastor Gossner).

Para nós, a resposta a essa questão é mais do que óbvia. Não era o Cristo terreno que o Espírito Santo estava para comunicar à Igreja, mas o Cristo celestial — o Cristo reinvestido com Seu poder eterno, revestido com a glória que Ele tinha com o Pai antes da fundação do mundo e dotado dos infinitos tesouros de graça que Ele comprou pela Sua morte na cruz. É como se fosse — usando uma ilustração bastante inadequada — um amado pai dizendo a sua família: "Meus filhos, eu fiz boa provisão para as suas necessidades; mas a situação de vocês, comparada com aquilo que há de vir, assemelha-se à pobreza. A morte de um parente da família no meu país de origem me tornou herdeiro de imensa fortuna. Se vocês apenas se sujeitarem alegremente à minha partida para cruzar o Oceano, para tomar posse da minha herança, eu lhes mandarei de volta mil vezes mais do que vocês poderiam possuir se eu ficasse aqui com vocês".

Apenas que em nossa ilustração Cristo é tanto aquele que deixou o testamento como o herdeiro. Pela Sua morte a herança torna-se disponível, e quando Ele subiu ao céu, enviou o Espírito Santo para distribuir as riquezas entre aqueles que eram coerdeiros com Ele. O que são essas riquezas pode ser resumido em duas belas expressões de frequente uso nas epístolas de Paulo: "a riqueza da sua graça" (Ef 1.7) e "a riqueza da sua glória" (Ef 3.16). Na cruz "a riqueza da sua graça" nos foi assegurada no perdão dos pecados; no trono "a riqueza da sua glória" nos foi assegurada ao nos fortalecer com todo poder pelo Seu Espírito no homem interior, na habitação de Cristo em nosso coração pela fé e em sermos tomados de toda a plenitude de Deus. A divina riqueza só se torna completamente disponível na morte, ressurreição e ascensão de nosso Senhor. O Espírito Santo, o divino Tabelião, não possuía totalmente a herança para transmitir, até que Jesus fosse glorificado.

Repare, então, no discurso de despedida de nosso Senhor, a frequente repetição das palavras *"Porque eu vou para o Pai"*, uma das expressões que perturbou grandemente os Seus discípulos. À luz de tudo o que Jesus diz nessa ocasião, vejamos se o seu significado fica claro para nós. "Se me amásseis, alegrar-vos-íeis de que eu vá para o Pai, pois o Pai é maior do que eu" (Jo 14.28), diz Ele nesse mesmo contexto. Não podemos entrar aqui na profunda questão da *kenosis* (grego), no autoesvaziamento do Filho de Deus em Sua encarnação. É suficiente seguirmos o claro ensino das Escrituras, de que, "subsistindo em forma de Deus, não julgou que o ser igual a Deus fosse coisa de que não devesse abrir mão, mas esvaziou-se, tomando a forma de servo" (Fp 2.6-7 – Tradução Brasileira).

O que significa a Sua ida para o Pai senão o enchimento daquilo de que Ele tinha Se esvaziado, ou a retomada da Sua igualdade com Deus? A maior bênção que Ele poderia conferir à Sua Igreja por meio da Sua partida parece residir no maior poder e glória que Ele passaria a ter através da Sua entronização à direita de Deus. Lutero o diz com exatidão:

> "Por isso eu vou, diz Ele, para onde serei maior do que agora sou, ou seja, para o Pai, e é melhor que eu deixe esta obscuridade e fraqueza para entrar no poder e na glória em que o Pai está".

À luz dessa interpretação, já não parece mais difícil o significado das palavras de nosso Senhor, citadas anteriormente. O Paráclito estava para comunicar Cristo à Sua Igreja — a Sua vida, o Seu poder, as Suas riquezas, a Sua glória. Na Sua exaltação, tudo isso haveria de ser grandemente aumentado. "Tudo quanto o Pai tem é meu" (Jo 16.15), Ele diz. E embora tivesse, por um tempo, Se privado de receber a herança das Suas possessões celestiais, agora Ele está novamente para tomar posse delas. "... por isso é que vos disse que há de receber do que é meu e vo-lo há de anunciar" (Jo 16.15).

Cristo à direita de Deus tem mais para dar do que enquanto estava na Terra; por isso a Igreja terá mais para receber por meio do Paráclito do que por meio do Cristo visível. Como fica óbvio, então, o significado das seguintes palavras do discurso de despedida de Jesus: "Em verdade, em verdade vos digo que aquele que crê em mim fará também as obras que eu faço e outras maiores fará, porque eu vou para junto do Pai" (Jo 14.12). O Cristo terreno está condicionado às limitações terrenas; e se o Espírito Santo comunicar o Seu poder aos discípulos, eles farão as mesmas obras que Ele faz. Mas o Cristo celestial é igual ao Pai, por essa razão, quando Ele subir ao Pai e o Espírito receber daquilo que é d'Ele e comunicá-lo à Igreja, ela fará maiores obras do que essas. Em outras palavras, o fluxo de vida terá maior poder por causa da maior fonte de onde procede. São muito profundos os mistérios aqui considerados, e só conseguimos falar deles na luz que recebemos ao comparar Escritura com Escritura.

O Cristo ressuscitado não soprou sobre os discípulos dizendo: "Recebei o Espírito Santo"[16]? Eles bem poderiam dizer: "Senhor, é suficiente termos recebido o Espírito de Ti". Contudo, não era suficiente que Cristo O desse; olhando para o dia da Sua entronização, Ele diz: "Quando, porém, vier o Consolador, que eu vos enviarei da parte do Pai, o Espírito da verdade, que dele procede, esse dará testemunho de mim" (Jo 15.26). Quando Cristo estiver "no alto", aí então o Espírito Santo poderá conceder "o poder do alto". Por isso, é melhor que Cristo vá.

A fonte tanto do poder que Cristo estava para conceder à Sua igreja por meio do Paráclito como da justiça que Ele imputaria e concederia se encontra no céu: "Quando ele vier, convencerá o mundo... da justiça... *porque vou para o Pai*, e não me vereis mais" (Jo 16.8-10). Podemos dizer de fato que a justiça de Cristo não estava completa e autenticada enquanto Ele não Se sentou à direita da majestade no alto. Por Sua morte Ele satisfez completamente as exigências da lei que fora violada, mas esse fato não foi comprovado até que o túmulo devolveu o certificado do pagamento da dívida por meio do Seu corpo liberto e ressuscitado. Mediante a ressurreição Ele foi "designado Filho de Deus com poder, segundo o espírito de santidade" (Rm 1.4). Mas o fato não foi

---

[16] Observemos que nessa palavra do Cristo ressuscitado Ele não diz "recebei *o* Espírito Santo" – o artigo [no original grego] foi omitido de forma significativa: *Labete Pneuma agion* (Jo 20.22).

plenamente verificado até que Deus O fez "sentar à sua direita nos lugares celestiais, acima de todo principado, e potestade, e poder, e domínio, e de todo nome que se possa referir" (Ef 1.20-21). Agora, em Sua glória completa, Ele está apto para ser feito "sabedoria, e justiça, e santificação, e redenção" (1 Co 1.30) para o Seu povo. Aquele que foi "manifestado em carne" para poder ser feito pecado por nós foi agora "justificado em Espírito" e "recebido na glória" (1 Tm 3.16), para que pudesse ser feito justiça por nós, e, "nele, fôssemos feitos justiça de Deus" (2 Co 5.21).

Em resumo, a coroação de Jesus é a condição essencial para a nossa justificação. Não podemos estar seguros da nossa aceitação diante do Pai enquanto Aquele que foi feito maldição por nós não for coroado com glória e honra[17]. Quão profunda a corrente de pensamento que jorra deste estreito canal: "... porque vou para o Pai..." (Jo 16.10).

3. O Paráclito ensina somente as coisas de Cristo; contudo, ensina mais do que Cristo ensinou: "Tenho ainda muito que vos dizer, mas vós não o podeis suportar agora; quando vier, porém, o Espírito da verdade, ele vos guiará a toda a verdade" (Jo 16.12-13). É como se Ele tivesse dito: "Eu apresentei a vocês um pouquinho da minha doutrina; Ele vai apresentá-la por completo". Uma razão disso parece clara: o ensino de Jesus durante Seu ministério terreno aguardava a iluminação de uma luz ainda inexistente — a luz da cruz, do sepulcro, da ascensão. Por isso, enquanto esses eventos não tivessem ocorrido, a doutrina cristã se encontrava num estado rudimentar e não podia ser transmitida por completo aos discípulos de Cristo. Mas não é só isso. A expressão "porque vou para o Pai" nos dá a chave para entender o que o Senhor quer dizer. O Espírito Santo "não falará por si mesmo, mas dirá tudo o que tiver ouvido e vos anunciará as coisas que hão de vir" (Jo 16.13).

---

[17] "Quão justo precisa ser Aquele que irá para junto do Pai, depois da cruz e do túmulo! É dessa forma que o Espírito Santo convencerá o mundo de que Ele é um homem justo e plenamente apropriado para justificar o homem" (Roos).

É maravilhosa essa indicação da convivência mútua da Divindade, onde se descreve o Paráclito ouvindo enquanto Cristo orienta, como se Ele prestasse atenção no céu às orientações do Pai e do Filho glorificado, ao mesmo tempo que concede direção invisível ao rebanho na Terra, comunicando-lhes aquilo que ouviu do Pai e do Filho. E nós deveríamos perguntar reverentemente: não teria o Cristo glorificado mais conhecimento e revelação para nos comunicar do que Ele tinha nos dias da Sua humilhação? Na expressão "coisas que hão de vir", não tem Ele segredos para repartir, que até aqui podem ter sido ocultos nos planos do Pai? Consideremos um simples exemplo das palavras de Cristo. Quando fala da Sua segunda vinda, Ele diz: "Mas a respeito daquele dia ou da hora ninguém sabe; nem os anjos no céu, nem o Filho, senão o Pai" (Mc 13.32)[18]. É melhor interpretarmos essas palavras com sinceridade e, em vez de dizer como alguns que Ele não sabia no sentido de não ter permissão de revelar, admitir que, enquanto se encontrava em Sua humilhação e sob o véu da encarnação esse segredo estava oculto aos Seus olhos.

Mas não seria insolente de nossa parte argumentar que por essa razão Ele não conhece agora o dia da Sua vinda? Quantas vezes esse texto é citado como proibição decisiva e final de toda indagação sobre o tempo da volta do Senhor em glória. Porém aqueles que dessa forma utilizam essas palavras simplesmente nos aprisionam na infância da Igreja, nos amarram à menoridade dos dias anteriores ao dia de Pentecostes. Estamos esquecidos que, desde a ascensão de nosso Senhor para o Pai, Ele nos deu outra revelação, o maravilhoso livro do Apocalipse, que inicia e se encerra com uma bênção para com aqueles que leem e guardam fielmente as palavras dessa profecia? E um dos pontos salientes característicos desse livro são as predições cronológicas a respeito do tempo do fim, suas datas místicas, que têm levado muitos pesquisadores sérios da Palavra de Deus a inquirir diligentemente "qual a ocasião ou

---

[18] "Nem o Filho": "É mais do que *nem*; é *nem ainda o Filho*", segundo o comentarista Morrison.

quais as circunstâncias oportunas" indicadas pelo Espírito, ao dar-nos essas indicações de direção no deserto.

Sendo assim, devemos perguntar: se não somos irreverentes ao concluir, juntamente com muitos expositores sérios, que nosso Salvador quis dizer exatamente o que disse, ao declarar que Ele não conhecia "ainda" o dia da Sua volta, será que seremos insolentes ao tomar literalmente as palavras iniciais do Apocalipse? — "Revelação de Jesus Cristo, que Deus lhe deu para mostrar aos seus servos as coisas que em breve devem acontecer". Foi por causa da Sua ida para junto do Pai que maiores obras e maiores riquezas se aplicariam à Igreja após o dia de Pentecostes. Por que não atribuir à mesma causa também a revelação mais completa do futuro e a entrada numa verdade mais completa com respeito à bendita esperança da Igreja? Em outras palavras, se pensamos em Cristo ingressando em revelação mais ampla ao retornar à glória que Ele tinha com o Pai, não devemos também pensar numa comunicação mais ampla da verdade, por meio do bendito Paráclito?

Porventura não aprendemos alguma coisa da natureza e dos ofícios do Espírito Santo com o estudo desse Seu novo nome e de tudo que o Senhor diz no maravilhoso discurso em que O apresenta aos Seus discípulos? No mínimo o estudo deveria nos capacitar a distinguir dois termos inspirados, que têm sido confundidos sem necessidade por não poucos escritores, ou seja: as palavras *Paráclito* e *Parousia*. Esta última palavra, que constantemente ocorre nas Escrituras para descrever a segunda vinda de nosso Senhor, tem sido usada em várias obras eruditas para designar a vinda do Espírito Santo; e uma vez que Cristo veio na pessoa do Espírito, tem-se argumentado que a prometida vinda do Redentor em glória já ocorreu. Mas isso é confundir termos cujo uso na Palavra os distingue claramente um do outro. Veja a diferença entre eles: no Paráclito Cristo vem espiritualmente e de forma invisível; na Parousia Ele vem de forma física e em glória.

A vinda do Paráclito na verdade está condicionada à ausência física do Salvador de entre o Seu povo: "... se eu não for, o Consolador não virá para vós outros" (Jo 16.7). Por outro lado, a Parousia só se concretiza com o Seu retorno físico para o Seu povo: "Pois quem é a nossa esperança, ou alegria, ou coroa em que exultamos, na presença de nosso Senhor Jesus em sua vinda?" (1 Ts 2.19). O Paráclito toma conta da Igreja nos dias da sua humilhação; a Parousia introduz a Igreja no dia da sua glória. No Paráclito Cristo veio habitar com a Igreja na Terra: "Não vos deixarei órfãos, voltarei para vós outros" (Jo 14.18). Na Parousia Cristo virá para levar a Igreja para habitar consigo na glória: "... voltarei e vos receberei para mim mesmo, para que, onde eu estou, estejais vós também" (Jo 14.3). Cristo orou em favor da Sua Igreja desolada, para que viesse o Paráclito: "E eu rogarei ao Pai, e ele vos dará outro Consolador..." (Jo 14.16). Agora o Espírito Santo ora com a Igreja peregrina para que se apresse a Parousia: "O Espírito e a noiva dizem: Vem!" (Ap 22.17). Essas duas palavras só podem ser compreendidas nessas referências mútuas. Cristo, que deu o novo nome ao Espírito Santo, pode nos explicar melhor esse nome ao tornar-Se conhecido a nós. Que esse nome seja para nós um símbolo tão real da Sua presença que, embora estrangeiros e peregrinos na Terra, possamos andar sempre na *"paraclesis* do Espírito Santo" (At 9.31).

4

A Encarnação Mística do Espírito

Mas agora o Espírito Santo foi dado de forma mais perfeita, pois Ele já não está presente por meio das Suas operações como antigamente, mas está presente conosco, e convive conosco, por assim dizer, de forma real. Pois era conveniente que, assim como o Filho conviveu conosco corporalmente, assim o Espírito também viesse ao nosso meio de forma corpórea.

Gregório de Nazianzo[19]

A Igreja, "a qual é o seu corpo" (Ef 1.23), teve seu início no dia de Pentecostes. Em todas as dispensações anteriores, de Adão a Cristo, crentes foram salvos e se

---

[19] **Gregório de Nazianzo** (329-389) e **Gregório de Nissa** (335-395) foram dois teólogos da Igreja primitiva que, junto com **Basílio**, o Grande, são conhecidos como Pais Capadócios. Ambos tiveram grande influência no desenvolvimento das declarações ortodoxas da doutrina da Trindade. Gregório de Nazianzo foi importante na identificação dos termos bem-definidos para descrever cada uma das pessoas da Divindade: o Pai não gerado, o Filho gerado eternamente e o Espírito procedente. Gregório de Nissa contribuiu para a doutrina trinitária ao trabalhar nos detalhes da distinção feita por Basílio entre a única *ousia* ("substância" ou "essência") e as três *hypostaseis* ("pessoas") trinitárias de Deus (Dicionário de Teologia, edição de bolso, Editora Vida, 2000) (N. do E.).

manifestaram as influências do Espírito Santo. Mas agora uma *ecclesia*, um ajuntamento de pessoas, se tornaria o corpo místico de Cristo, incluído n'Ele, a Cabeça, e habitado por Ele por meio do Espírito Santo. A definição que às vezes ouvimos, de que a Igreja é "uma associação voluntária de crentes, reunidos com o propósito de adorar e ser edificados", é totalmente inadequada, para não dizer incorreta. Seria o mesmo que dizer que as mãos, os pés, os olhos e os ouvidos se uniram voluntariamente no corpo humano com o propósito de locomover-se e trabalhar.

A Igreja é criada de dentro; Cristo presente por meio do Espírito Santo, regenerando os homens pela soberana ação do Espírito, unificando-os em Si mesmo como o centro vivo. Por isso, a Cabeça e o corpo são um, predestinados para a mesma história de humilhação e glória. E assim como eles são um de fato, são também um no nome. Aquele a quem Deus ungiu e encheu do Espírito Santo é chamado "o Cristo", e a Igreja, que é o Seu corpo e plenitude, também é chamada "o Cristo". "Com efeito, façamos uma comparação: o corpo é um, e no entanto, tem vários membros; mas todos os membros do corpo, não obstante o seu número, formam um só corpo; *o mesmo acontece com o Cristo*"[20] (1 Co 12.12 - TEB). Aqui, de forma clara e impressionantemente honrosa, a Igreja é chamada *o Christos*, fato a respeito do qual o bispo Andrews diz de forma muito bonita: "Cristo está tanto no céu como na Terra. Quando é chamado de Cabeça da Sua Igreja, Ele está no céu; mas com respeito ao Seu corpo, que é chamado Cristo, Ele está na Terra".

Tão logo o Espírito Santo foi enviado dos céus, essa grande obra da Sua encarnação começou, e haverá de continuar até que se complete o número dos eleitos, ou seja, até o fim da presente dispensação. Cristo, se o podemos dizer com reverência,

---

[20] A única tradução que encontramos em português que traz "*o Cristo*" (com artigo) é a TEB (Tradução Ecumênica da Bíblia). As demais, tanto evangélicas (ARA, ARC, SBTB, NVI, Melhores Textos, Século XXI) como católicas (Bíblia de Jerusalém, Bíblia dos Capuchinhos, Edição Pastoral, Tradução do Pontifício Instituto Bíblico de Roma, Tradução de Matos Soares) trazem apenas "Cristo", sem o artigo (N. do T.).

tornou-se, de forma mística, outra vez um bebê no dia de Pentecostes, e os cento e vinte se tornaram Seu corpo infantil, como se outra vez, pelo Espírito Santo, Ele tivesse assumido forma humana. Agora Ele está crescendo e Se desenvolvendo em Seus membros, e assim prosseguirá "até que todos cheguemos à unidade da fé e do pleno conhecimento do Filho de Deus, à perfeita varonilidade, à medida da estatura da plenitude de Cristo" (Ef 4.13). Daí, então, o Cristo na Terra será arrebatado para a união visível com o Cristo no céu, e a Cabeça e o corpo serão juntamente glorificados.

Note como a formação da história da Igreja, da forma que está registrada em Atos, se harmoniza com o conceito apresentado antes. A história do dia de Pentecostes culmina com as palavras "havendo um acréscimo naquele dia de quase três mil pessoas" (At 2.41). Acrescidas a quem?, surge naturalmente a pergunta. Os tradutores da King James responderam nossa pergunta quando acrescentaram ao texto "a eles", assinalando a inclusão com itálico. Mas não é isso que diz o Espírito Santo. E quando, alguns versículos adiante no mesmo capítulo, lemos "e todos os dias acrescentava o Senhor à igreja aqueles que se haviam de salvar" (At 2.47 – ARC), precisamos lembrar que as palavras "à igreja" são espúrias. O que esses acréscimos e inserções dos tradutores têm feito é desfigurar o sublime ensino desse primeiro capítulo da história do Espírito Santo. "E crescia mais e mais a multidão de crentes, tanto homens como mulheres, agregados *ao Senhor*" (At 5.14). "E muita gente se uniu *ao Senhor*" (At 11.24). Essa é a linguagem inspirada — não a mera união dos crentes, mas a divina união com Cristo; não é uma associação voluntária de cristãos, mas a soberana inclusão deles na Cabeça, e essa inclusão é efetuada pela Cabeça por meio do Espírito Santo.

Se indagarmos como ocorre a admissão nessa divina *ecclesia*, temos o claro ensino das Escrituras: "Pois, em um só Espírito, todos nós fomos batizados em um corpo" (1 Co 12.13). O batismo na água assinala a entrada formal do crente na Igreja; mas esse é apenas o símbolo, não a realidade. Veja a semelhança de forma entre a cerimônia visível e o fato espiritual: "Eu vos batizo com água", diz João, "mas aquele que vem depois de mim... vos batizará com o Espírito Santo e com fogo" (Mt 3.11). Assim como no primeiro caso o discípulo era imerso no elemento chamado água, assim no segundo ele seria imerso no elemento chamado Espírito Santo. E foi isso que aconteceu no real fato histórico. O cenáculo tornou-se o batistério do Espírito Santo, se podemos usar essa figura. A Sua presença "encheu toda a casa onde estavam assentados", e "todos ficaram cheios do Espírito Santo".

O batistério nunca precisaria ser enchido novamente, pois o Pentecostes ocorreu de uma vez para sempre, e o Espírito Santo veio naquela ocasião para habitar na Igreja para todo o sempre. Mas cada crente através dos séculos precisaria ser cheio desse Espírito que habita no corpo de Cristo. Em outras palavras, parece claro que o batismo com o Espírito foi dado uma vez para a Igreja toda, estendendo-se do dia de Pentecostes até a Parousia. "... há um só Senhor, uma só fé, um só batismo" (Ef 4.5). Assim como há um corpo surgindo através de toda a dispensação, assim há "um só batismo" para esse corpo, dado no dia de Pentecostes. Dessa forma, se entendemos corretamente o sentido das Escrituras, é verdade, tanto com respeito ao tempo em que ocorreu quanto ao fato ocorrido, que "em um só Espírito, todos nós fomos batizados em um corpo, quer judeus, quer gregos, quer escravos, quer livres" (1 Co 12.13).

A prefiguração típica, vista na Igreja no deserto, é muito encantadora nesse ponto: "Ora, irmãos, não quero que ignoreis que nossos pais estiveram todos debaixo da nuvem; e todos passaram pelo mar, e todos foram batizados em Moisés, na nuvem e no mar" (1 Co 10.1-2). Batizados *em* Moisés quando passaram pelo mar, identificados com ele como líder deles e comprometidos com ele em comunhão corporativa; da mesma forma eles foram batizados em Jeová, o qual, na nuvem de glória, agora assumiu o Seu lugar no meio do acampamento e "tabernaculou" com eles dali em diante. O tipo é perfeito, como o são todos os tipos inspirados por Deus. O antítipo aparece primeiro em Cristo, nosso Senhor, batizado na água do Jordão e então batizado no Espírito Santo, o qual "desceu sobre ele em forma corpórea como pomba" (Mt 3.16). Depois ocorreu novamente com os discípulos que aguardavam no cenáculo.

Além do batismo com água, que sem dúvida eles já tinham recebido, agora foram batizados "com o Espírito Santo e com fogo". Daí para frente, eles estavam no elemento divino, assim como seus pais tinham estado no deserto, "não na carne, mas no Espírito" (Rm 8.9); chamados para viver "no espírito segundo Deus" (1 Pe 4.6); para "andar no Espírito" (Gl 5.25); "orando em todo o tempo no Espírito, e para isto vigiando com toda a perseverança e súplica" (Ef 6.18). Em resumo, no dia de Pentecostes todo o corpo de Cristo foi batizado no elemento e na presença do Espírito Santo como uma condição permanente, de uma vez por todas. E embora alguém possa argumentar que o corpo como um todo ainda não existia naquela época, replicamos que também a Igreja ainda não tinha sido chamada totalmente à existência quando Cristo morreu no Calvário, contudo as Escrituras afirmam, repetidamente, que todos os crentes morreram com Ele.

Se mudarmos da figura do batismo para outra usada de forma semelhante, a da unção do Espírito, encontramos em Êxodo uma bela ilustração típica do nosso pensamento. Na consagração de Arão, o precioso unguento foi derramado não somente sobre a sua cabeça, mas correu também em rica profusão sobre seu corpo e sobre seus trajes sacerdotais. Esse fato é usado pelo salmista, quando ele canta: "Oh! Como é bom e agradável viverem unidos os irmãos! É como o óleo precioso sobre a cabeça, o qual desce para a barba, a barba de Arão, e desce para a gola de suas vestes" (Sl 133.1-2).

A respeito de nosso grande Sumo Sacerdote, lemos "como Deus ungiu a Jesus de Nazaré com o Espírito Santo e com poder" (At 10.38). Porém não foi apenas para Si mesmo, mas também para os Seus irmãos que Ele obteve essa santa unção. Ele a recebeu para poder transmiti-la. "Aquele sobre quem vires descer e pousar o Espírito, esse é o que batiza com o Espírito Santo" (Jo 1.33). E agora contemplamos o nosso Arão, nosso grande Sumo Sacerdote, que passou além do véu, Jesus o Filho de Deus, em pé no Santo dos Santos do céu. "Amaste a justiça e odiaste a iniquidade" é o divino elogio que agora Lhe é feito, "por isso, Deus, o teu Deus, te ungiu com o óleo de alegria como a nenhum dos teus companheiros" (Hb 1.9). Ele, o *Cristo*, o Ungido, mantém-Se em pé e em favor dos *Cristoi*, seus irmãos ungidos. E d'Ele, da Cabeça, desceu a unção do Espírito Santo no dia de Pentecostes. Ela foi derramada em rica profusão sobre o Seu corpo místico. Desde aquele dia ela tem fluído sempre, e assim continuará até que o último membro seja incluído em Si mesmo, e dessa forma ungido pelo mesmo Espírito, incluído no mesmo corpo, que é a Igreja.

É verdade que numa ocasião subsequente ao dia de Pentecostes se fala do batismo com o Espírito Santo. Quando o Espírito caiu sobre Cornélio e sua casa, Pedro se lembra da palavra do Senhor, que Ele tinha dito: "João, na verdade, batizou com água, mas vós sereis batizados com o Espírito Santo" (At 11.16). Essa foi uma grande crise na história da Igreja, a abertura da porta da fé aos gentios, e parece-nos que esses novos participantes da graça agora foram incluídos no Espírito que já fora concedido. Contudo, o dia de Pentecostes ainda parece ter sido a data do batismo da Igreja. Assim como o Calvário ocorreu uma vez para sempre, assim também foi a visitação no cenáculo.

Leve em consideração agora que, assim como por meio do Espírito Santo somos incluídos no corpo de Cristo, dessa mesma forma somos incorporados à Cabeça desse corpo, que é Cristo. Uma igreja que não é santa desonra o Senhor, especialmente pela sua incoerência. Uma cabeça nobre, imponente e culta, sobre um corpo deformado e raquítico, é uma visão digna de pena. Qual não deve ser, então, para os anjos e principados que constantemente veem a face de Jesus, a visão de uma igreja que não é santa, desfigurada, na Terra, igreja que é colocada em lugar de honra e é chamada "Seu corpo". O Professor Harnack descreve com exatidão em uma sentença a *ecclesia* dos primeiros séculos: "Nos seus primórdios, a Igreja era a noiva celestial de Cristo e o local de habitação do Espírito Santo". Que o leitor considere o quanto está implícito nessa definição.

A primeira e mais sagrada relação do corpo diz respeito à cabeça. Estar atenta, aguardando a volta do Noivo, induz a noiva a viver e a se comportar de maneira santa; e a principal obra do Espírito Santo se concentra nisso, para "que ele fortaleça o coração de vocês para serem irrepreensíveis em santidade diante de nosso Deus e Pai, na vinda de nosso Senhor Jesus com todos os seus santos" (1 Ts 3.13 – NVI). Ele faz todas as coisas para alcançar esse objetivo, e todos os meios que usa Ele faz com que estejam subordinados a esse fim. O Cristo glorificado Se manifesta ao homem por meio do Seu corpo. Se existe uma perfeita correspondência entre Ele e os Seus membros, então haverá uma verdadeira manifestação de Si mesmo ao mundo[21]. Por essa razão o Espírito Santo habita no corpo, para que este possa ser "cheio de Cristo", para usar uma velha expressão dos místicos[22], ou seja, habitado por Cristo e transfigurado na semelhança de Cristo. Somente assim, como "geração eleita, o sacerdócio real, a nação santa, o povo adquirido" pode anunciar "as virtudes daquele que vos chamou das trevas para a sua maravilhosa luz" (1 Pe 2.9).

E quem é o Cristo que deve assim ser manifestado? É a partir do trono que Ele nos dá o Seu nome: Eu sou "aquele que vive; estive morto, mas eis que estou vivo pelos séculos dos séculos" (Ap 1.18). Cristo na glória não é simplesmente quem Ele é, mas Aquele que era e Aquele que há de ser. Da mesma forma que uma árvore conserva tudo o que foi nos anos anteriores, conservando tudo em seu tronco, assim Jesus entronizado é

---

[21] "O Espírito Santo não somente habita na Igreja, mas também a usa como o organismo vivo por meio do qual Ele Se locomove e anda neste mundo, e fala ao mundo e atua neste mundo. Ele é a alma da Igreja, a qual é o corpo de Cristo" (Bispo Webb, *The Presence and Office of the Spirit* [A presença e o ofício do Espírito], p. 47).

[22] A história da Igreja foi marcada por várias correntes místicas, particularmente no final da Idade Média, como reação ao intelectualismo da escolástica. Segundo essas correntes, o homem pode unir-se a Deus por meio da meditação, oração, contemplação e intuição. Dentre os principais místicos podem-se destacar: o apóstolo João, Clemente de Alexandria, Agostinho de Hipona, Teresa de Ávila, João da Cruz, Francisco de Assis, John Tauler e Madame Guyon (N. do E.).

tudo o que foi e o que há de ser. Em outras palavras, Sua morte é um fato perpétuo tanto quanto o é a Sua vida.

E a Sua Igreja está predestinada a ser como Ele nesse aspecto, uma vez que ela não apenas presta atenção n'Ele, como diz o apóstolo, para que "cresçamos em tudo naquele que é a cabeça, Cristo", mas também recebe d'Ele a sua forma: "... de quem todo o corpo, bem ajustado e consolidado pelo auxílio de toda junta... efetua o seu próprio aumento" (Ef 4.16).

Se a Igreja deseja literalmente manifestar Cristo, então precisa ser tanto uma igreja viva como uma igreja que morre. É na forma do seu batismo, dada por Deus, que ela está comprometida dessa maneira: "Ou, porventura, ignorais que todos nós que fomos batizados em Cristo Jesus fomos batizados na sua morte? Fomos, pois, sepultados com ele na morte pelo batismo; para que, como Cristo foi ressuscitado dentre os mortos pela glória do Pai, assim também andemos nós em novidade de vida" (Rm 6.3-4). E o batismo com o Espírito Santo, ao qual fomos trazidos, destina-se a efetuar interior e espiritualmente aquilo que o batismo com água prenuncia exteriormente e de forma típica, ou seja, reproduzir em nós o viver e o morrer de nosso Senhor.

Em primeiro lugar, a vida. "Porque a lei do Espírito da vida, em Cristo Jesus, te livrou da lei do pecado e da morte" (Rm 8.2). Ou seja, aquilo que até este momento foi o princípio ativo dentro de nós, isto é, o pecado e a morte, será agora confrontado e dominado por outro princípio, o da lei da vida, cujo autor e sustentador é o Espírito Santo de Deus. Assim como por nosso espírito natural estamos ligados ao primeiro Adão, e somos feitos participantes da sua natureza decaída, pelo Espírito Santo somos agora unidos com o segundo Adão e somos feitos participantes da Sua natureza glorificada. Em suma, a incessante obra do Espírito Santo é vivificar o corpo de Cristo, conservando-o semelhante à Cabeça ressurreta.

Em segundo lugar, a morte de nosso Senhor em Seus membros precisa ser operada constantemente por meio da habitação do Espírito. A Igreja, que é a plenitude daquele que "a tudo enche em todas as coisas", completa no mundo tanto a

Sua crucificação como a Sua ressurreição. Com certeza é esse o profundo pensamento de Paulo, quando ele fala de preencher "o que resta das aflições de Cristo, na minha carne, a favor do seu corpo, que é a igreja" (Cl 1.24). Em outras palavras, a Igreja, como complemento do seu Senhor, precisa de uma experiência de vida e de morte simultâneas.

É impressionante como é exata a figura do corpo, usada para simbolizar a Igreja. No sistema humano a vida e a morte estão constantemente operando juntas. Certo volume de tecido precisa morrer cada dia e ser removido e enterrado, e certo volume de novo tecido precisa também ser criado e alimentado diariamente no mesmo corpo. Interromper o processo da morte é com certeza produzir desordem, assim também como acontece se for interrompido o processo da vida. Literalmente, isso é verdade também no corpo coletivo. A Igreja precisa morrer diariamente para completar a vida crucificada da sua Cabeça, tanto como precisa viver diariamente na manifestação da Sua vida glorificada.

A sentença que destacamos em itálico a seguir, retirada de um livro recentemente lançado, é digna de tornar-se um texto áureo para os cristãos: *"A igreja deixa de ser cristã quando deixa de ser o órgão do contínuo sofrimento de Cristo"*. Simpatizar, no sentido literal de sofrer juntamente com a humanidade pecadora e perdida, não é somente o dever da Igreja, mas é a condição absolutamente essencial para que ela seja a verdadeira manifestação do seu Senhor. Uma igreja autoindulgente desfigura Cristo; uma igreja avarenta dá falso testemunho contra Cristo; uma igreja mundana trai a Cristo e O entrega outra vez para ser zombado e insultado pelos Seus inimigos.

A ressurreição de nosso Senhor persiste em Seu corpo, como todos vemos claramente. Cada regeneração é uma pulsação da Sua vida entronizada. Mas reconhecemos muito pouco o fato de que a Sua crucificação precisa persistir lado a lado com a Sua ressurreição. "Se alguém quer vir após mim, a si mesmo se negue, tome a sua cruz e siga-me" (Mt 16.24). A Igreja é chamada para viver uma vida glorificada em comunhão com a sua Cabeça, e uma vida crucificada em seu contato com o mundo. E o Espírito Santo habita para sempre na Igreja para operar essa dupla manifestação de Cristo.

"Mas graças a Deus porque, outrora, escravos do pecado, contudo, viestes a obedecer de coração à forma de doutrina a que fostes entregues", escreve o apóstolo (Rm 6.17). O padrão, conforme mostra o contexto, é Cristo morto e ressuscitado. Se a Igreja de fato vive no Espírito, Ele a conservará tão maleável que ela obedecerá a esse divino molde como o metal se conforma com o molde para assumir o formato que lhe destina o ferreiro. Se ela capitula diante da influência do "espírito que agora atua nos filhos da desobediência", ela se transformará na semelhança do mundo, e os que a contemplarem não conseguirão ver Cristo nela.

5

O Revestimento do Espírito

É muito claro que, para os discípulos, o batismo com o Espírito não foi a primeira vez que Ele foi dado, para a regeneração, mas foi a transmissão específica da Sua presença em poder, feita pelo Senhor glorificado. Assim como era distinta a operação do mesmo Espírito no Antigo e no Novo Testamento (operação ilustrada pela situação dos discípulos antes e depois do dia de Pentecostes), assim pode haver (e na grande maioria dos cristãos é assim) uma similar diferença de experiência... Quando fica claro para o crente o que significa a habitação do Espírito, e as consequências que daí provêm, e ele está pronto a render-se completamente a fim de experimentá-lo, ele pode pedir e aguardar aquilo que se pode chamar de batismo com o Espírito. Orar ao Pai conforme as duas orações de Efésios e vir a Jesus com renovada entrega de fé e obediência podem fazer com que receba tal influxo do Espírito Santo que ele seja conscientemente elevado a um nível diferente daquele em que viveu até esse momento.

Rev. Andrew Murray[23]

---

[23] Andrew Murray nasceu na África do Sul em 9 de maio de 1828 e morreu em 1917. Seu pai era pastor vinculado à Igreja Presbiteriana da Escócia, que, por sua vez, mantinha estreita relação com a Igreja Reformada da Holanda, o que foi importante para impressionar Murray com o fervoroso espírito cristão ›

no capítulo anterior afirmamos que o batismo com o Espírito Santo foi concedido de uma vez para sempre no dia de Pentecostes, quando o Paráclito veio pessoalmente fazer habitação na Igreja. Isso não significa, entretanto, que todo crente tenha recebido esse batismo. A dádiva de Deus é uma coisa; outra bem diferente é a nossa apropriação dessa dádiva. Nosso relacionamento com a segunda e a terceira Pessoa da Divindade é similar, nesse aspecto. "Deus amou ao mundo de tal maneira que *deu* o seu Filho unigênito" (Jo 3.16). "Mas, a todos quantos *o receberam*, deu-lhes o poder de serem feitos filhos de Deus, a saber, aos que creem no seu nome" (Jo 1.12). Aqui estão os dois lados da salvação, o divino e o humano, os quais são absolutamente essenciais.

Há uma doutrina que circula por aí, chamada redenção por encarnação, segundo a qual, uma vez que Deus deu o Seu Filho ao mundo, todo o mundo tem o Filho, consciente ou inconscientemente, e por essa razão todo o mundo será salvo. Não precisamos nem dizer que refutamos totalmente essa teoria, considerando-a plenamente insustentável, visto que desconsidera a necessidade da fé pessoal em Cristo. Mas com respeito ao Espírito Santo, alguns escritores ortodoxos argumentam um

> holandês. Foi para a Inglaterra com 10 anos e quando retornou para a África do Sul, atuando no ministério pastoral e evangelístico, levou consigo um reavivamento que abalou o país. Aprendeu suas mais preciosas lições espirituais por meio da *escola do sofrimento*, principalmente após uma séria enfermidade. Seu ministério, pela influência recebida do pai, foi caracterizado por profunda e ardente espiritualidade e por ação social. Em 1877 viajou aos Estados Unidos e participou de muitas conferências ali e na Europa. Sua teologia era conservadora e se opunha francamente ao liberalismo. Em seus livros, enfatizou a consagração integral e absoluta a Deus, a oração e a santidade. Durante os últimos 28 anos de sua vida, foi considerado o pai do Movimento Keswick da África do Sul. Muito dos aspectos místicos de sua obra devem-se à influência de William Law. Murray conheceu o Senhor de forma profunda e se tornou um dos mais proeminentes no movimento da vida interior. Por crer no que Deus pode fazer por meio da obra de literatura, escreveu mais de 250 livros e inúmeros artigos. Sua obra tocou e toca a Igreja no mundo inteiro por meio de escritos profundos, incluindo *Com Cristo na Escola de Oração* e *Humildade – A Beleza da Santidade*, publicados por esta editora, os quais são considerados clássicos da literatura cristã (N. do E.).

pensamento quase idêntico. Eles afirmam que o revestimento com o Espírito Santo não é "nenhuma experiência especial ou superior, mas é simplesmente a realidade de cada pessoa que é um filho de Deus". Dizem também que "os crentes convertidos depois do dia de Pentecostes são revestidos do Espírito que neles habita, tanto quanto aqueles crentes que de fato participaram da bênção pentecostal em Jerusalém"[24].

Pelo contrário, parece claro nas Escrituras que é tanto dever quanto privilégio dos crentes receberem o Espírito Santo por meio de um ato de fé consciente, definido, exatamente como receberam Jesus Cristo. Apoiamos essa conclusão em vários fundamentos. Tudo indica que, se o Paráclito é uma pessoa que desce do céu em ocasião definida para habitar na Igreja, para guiar, ensinar e santificar o corpo de Cristo, temos motivo de recebê-lO em Seu ministério distinto da mesma forma que o fizemos com o Senhor Jesus em Seu ministério específico. Dizer que, ao receber a Cristo, nós indubitavelmente recebemos nesse mesmo ato o dom do Espírito, é misturar aquilo que as Escrituras separam[25]. Pois é como pecadores que recebemos Cristo para nossa justificação, mas é como filhos que recebemos o Espírito para nossa santificação: "E, porque vós sois filhos, enviou Deus ao nosso coração o Espírito de seu Filho, que clama: Aba, Pai!" (Gl 4.6). Por isso, quando Pedro pregou o seu primeiro sermão para a multidão, depois que o Espírito havia sido dado, ele disse: "Arrependei-vos, e cada um de vós seja batizado em nome de Jesus Cristo para remissão dos vossos pecados, e recebereis o dom do Espírito Santo" (At 2.38).

---

[24] Rev. E. Boys, *Filled with the Spirit* (Cheios do Espírito Santo), p. 87.

[25] "Algumas pessoas supõem que, pelo fato de aqueles que andaram com Cristo no passado terem recebido o batismo com o Espírito Santo e com fogo no dia de Pentecostes, mais de mil e oitocentos anos atrás, todos os crentes agora já receberam essa bênção. Se fosse assim, os apóstolos, quando inicialmente foram chamados, bem poderiam ter concluído que, pelo fato de o Espírito ter pousado sobre Cristo por ocasião do Seu batismo, eles também igualmente já possuíam a mesma bênção. Sem dúvida nenhuma, o Espírito foi dado e a obra de Cristo foi executada por todos; mas para tomar posse, ser iluminado e feito participante do Espírito Santo é necessário pedi-lo pessoalmente ao Senhor" (Andrew Jukes, *The New Man* [O novo homem]).

Essa passagem mostra que, lógica e cronologicamente, o dom do Espírito vem depois do arrependimento. Mais tarde consideraremos se ele segue o arrependimento como consequência necessária e inseparável. Por ora, basta esclarecer esse ponto, de tal forma que mesmo um dos mais conservadores e capazes escritores sobre o assunto, ao comentar esse texto em Atos, diz: "Por essa razão fica evidente que o recebimento do Espírito Santo, como se diz aqui, não tem nada a ver com trazer os homens à fé e ao arrependimento. É uma operação posterior; é uma bênção separada e adicional; é um privilégio que se baseia na fé que já está ativamente operando no coração... Eu não nego que o dom do Espírito Santo possa ocorrer quase na mesma ocasião, mas nunca no mesmo momento. A razão é muito simples também. O dom do Espírito Santo está fundamentado no fato de que somos filhos pela fé em Cristo, crentes que descansam na redenção n'Ele. Claramente, então, parece que o Espírito Santo já nos regenerou"[26].

À medida que examinarmos as Escrituras quanto a esse assunto, veremos que precisamos, como filhos, nos apropriar do Espírito, da mesma forma que nos apropriamos de Cristo como pecadores. A condição para tornar-nos filhos, como já vimos, é "a todos quantos o receberam, ... a saber, aos que creem no seu nome" — 'receber' e 'crer' são usados como sinônimos. Numa espécie de antecipação do dia de Pentecostes, o Cristo ressurreto, pondo-Se no meio dos Seus discípulos, "soprou sobre eles e disse-lhes: Recebei o Espírito Santo". O verbo não está na voz passiva, como o texto pode nos fazer supor, mas tem um significado ativo, exatamente como na conhecida passagem de Apocalipse: "e quem quiser *receba* de graça a água da vida".

Duas vezes, na Epístola aos Gálatas, se coloca a possessão do Espírito Santo sobre o mesmo fundamento de apropriação ativa por meio da fé: "... recebestes o Espírito pelas obras da lei ou pela pregação da fé?" (3.2); "... a fim de que recebêssemos,

---

[26] William Kelly, *Lectures on the New Testament Doctrine of the Holy Spirit* (Palestras sobre a doutrina do Espírito Santo no Novo Testamento), p. 161.

pela fé, o Espírito prometido" (3.14). Esses textos parecem indicar que, da mesma forma que existe uma "fé para com nosso Senhor Jesus Cristo" para a salvação, assim também existe uma fé para com o Espírito Santo para receber poder e uma vida consagrada.

Se passarmos do ensino do Novo Testamento para os exemplos nele encontrados, receberemos fortes confirmações a respeito desse pensamento. Começaremos com o notável incidente de Atos 19.2. Paulo, ao encontrar alguns discípulos em Éfeso, perguntou-lhes: "Recebestes, porventura, o Espírito Santo quando crestes? Ao que lhe responderam: Pelo contrário, nem mesmo ouvimos que existe o Espírito Santo". Essa passagem parece decisiva para mostrar que alguém pode ser um discípulo sem ter recebido o Espírito Santo como o dom de Deus para os crentes. Algumas pessoas admitem isso, embora neguem qualquer aplicação desse incidente à nossa própria época, alegando que são os dons miraculosos do Espírito que estão em consideração aqui, já que está escrito que, depois de Paulo impor-lhes as mãos, "veio sobre eles o Espírito Santo; e tanto falavam em línguas como profetizavam".

Tudo o que precisamos dizer sobre esse ponto é que esses discípulos efésios, ao receberem o Espírito, chegaram à mesma condição que os discípulos do cenáculo, uns vinte anos antes, a respeito dos quais está escrito que "passaram a falar em outras línguas, segundo o Espírito lhes concedia que falassem". Em outras palavras, esses discípulos em Éfeso, quando receberam o Espírito Santo, apresentaram os sinais do Espírito comuns aos outros discípulos da era apostólica.

Não vamos aqui discutir se esses sinais – falar em outras línguas e operar milagres – são designados para ocorrer sempre ou não, mas não se pode questionar que a presença do Espírito Santo na Igreja foi designada para ser permanente, contínua e que todo e qualquer relacionamento que os crentes mantiveram com o Espírito no começo os crentes de hoje têm direito de sustentar. Precisamos parar com nossa exegese errônea que faz da água do batismo dos tempos apostólicos uma rígida exigência para nossos dias, mas relega o batismo com o Espírito a uma dispensação passada. O que de fato sustentamos é que o Pentecostes ocorreu uma vez para sempre, mas também sustentamos que a apropriação do Espírito diz respeito a todos os crentes de todas as épocas.

Trancar algumas das grandes bênçãos do Espírito Santo no reino imaginário chamado "época apostólica", embora seja cômodo, pode ser uma forma de fugir de dificuldades imaginárias e acabe privando os crentes de alguns dos seus mais preciosos direitos da aliança[27]. Vamos transferir esse incidente dos cristãos efésios para os dias atuais. Não precisamos apresentar algum caso imaginário, visto que pela declaração de várias testemunhas constantemente nos deparamos com essa mesma condição. Não são apenas cristãos isolados, mas comunidades inteiras de discípulos que foram tão mal instruídos, que nunca ficaram sabendo que existe o Espírito Santo, apenas sabem que é uma influência, algo impessoal, de que se pode ter apenas um vago conhecimento. Nada conhecem a respeito do Espírito Santo como uma Pessoa Divina, que habita na Igreja, o qual deve ser honrado e invocado e a quem se deve obediência, e em quem se pode confiar sem restrições. É possível imaginar que possa haver alguma vida espiritual profunda ou alguma verdadeira força santificadora para servir em uma comunidade assim? E o que deve fazer um mestre bem-instruído ou um evangelista ao descobrir uma igreja ou um cristão numa condição dessas?

Outro texto do livro de Atos nos dá a resposta: "Ouvindo os apóstolos, que estavam em Jerusalém, que Samaria recebera a palavra de Deus, enviaram-lhe Pedro e João; os quais, descendo para lá, oraram por eles para que recebessem o Espírito

---

[27] "Algumas pessoas têm incorrido num grande erro: supor que os resultados do dia de Pentecostes eram principalmente miraculosos e temporários. O efeito de uma visão dessas é desconsiderar o poder espiritual; e é muito necessário que se mantenha sempre a certeza de que uma bênção espiritual ampla, profunda e perpétua na Igreja é o que, acima de tudo mais, foi assegurada pela descida do Espírito Santo, depois que Cristo foi glorificado" (Dr. J. Elder Cumming, *Through the Eternal Spirit* [Pelo Espírito Eterno]).

Santo; porquanto não havia ainda descido sobre nenhum deles, mas somente haviam sido batizados em o nome do Senhor Jesus. Então, lhes impunham as mãos, e recebiam estes o Espírito Santo" (At 8.14-17).

Ali estavam crentes que tinham sido batizados na água, mas isso não tinha sido suficiente. O batismo com o Espírito, já concedido no dia de Pentecostes, tinha de ser recebido. Ouça a oração dos apóstolos: "para que recebessem o Espírito Santo". Consideramos uma oração dessas extremamente apropriada para aqueles que, hoje, desconheçam o Consolador. E mesmo assim uma oração dessas deve ser seguida de um ato de aceitação confiante da parte do discípulo, de todo o seu coração: "Oh, Espírito Santo, humildemente eu me rendo a Ti agora. Eu Te recebo como meu mestre, meu consolador, meu santificador e meu guia". Não encontramos por todo lado o testemunho de novas vidas que provêm de uma consagração dessas, vidas cheias de paz e poder e vitória, entre aqueles que anteriormente já tinham recebido perdão dos pecados, mas não tinham ainda sido revestidos de poder?

Entendemos que a grande finalidade a que se destina o revestimento do Espírito é a nossa capacitação para um mais digno e efetivo serviço na Igreja de Cristo. Há outros efeitos que com certeza virão com essa bênção, uma firme segurança de nossa aceitação em Cristo e uma santa separação do mundo; mas esses resultados contribuirão para a finalidade maior e principal: nossa utilidade consagrada.

Reparemos que Cristo, que é nosso exemplo nisso e em todas as coisas, não começou o Seu ministério enquanto não recebeu o Espírito Santo. Não somente isso, mas vemos que todo o Seu serviço, do batismo até a ascensão, foi feito no Espírito. Se indagarmos a respeito dos Seus milagres, nós O ouvimos dizer: "... eu expulso demônios pelo Espírito de Deus" (Mt 12.28). Perguntemos a respeito da Sua morte ocorrida em Jerusalém e lemos: "Cristo... pelo Espírito eterno, a si mesmo se ofereceu sem mácula a Deus" (Hb 9.14). Perguntemos a respeito da grande comissão e lemos que Ele foi elevado às alturas "depois de haver dado mandamentos por intermédio do Espírito Santo aos apóstolos que escolhera" (At 1.2). Assim, embora fosse o Filho de Deus, Ele agiu sempre em extrema dependência d'Aquele que tem sido chamado de "Executivo da Divindade".

De forma clara, vemos como Cristo é nosso padrão e exemplo em Seu relacionamento com o Espírito Santo. Ele foi concebido pelo Espírito Santo no ventre da virgem e viveu a vida santa e obediente que essa concepção divina sugeria. Mas quando estava para começar o Seu ministério público, Ele esperou que o Espírito, que já habitava n'Ele, viesse sobre Si. Nós O vemos orando por essa unção: "... sendo batizado também Jesus, orando ele, o céu se abriu, e o Espírito Santo desceu sobre ele em forma corpórea, como uma pomba" (Lc 3.21-22 – ARC). Será que Ele tinha alguma "promessa do Pai" a que pudesse recorrer em oração, pedindo a unção do Espírito, como cremos era o assunto da Sua oração naquele momento? Sim; o profeta escreveu a respeito do tronco de Jessé: "Repousará sobre ele o Espírito do SENHOR, o Espírito de sabedoria e de entendimento, o Espírito de conselho e de fortaleza, o Espírito de conhecimento e de temor do SENHOR" (Is 11.2).

Os comentaristas judeus dizem que é "o Espírito sétuplo". Com certeza isso se cumpriu no Filho de Deus no Jordão, quando Deus Lhe deu o Espírito sem medida. Pois Aquele que estava agora sendo batizado Se tornaria depois o batizador. "Aquele sobre quem vires descer e pousar o Espírito, esse é o que batiza com o Espírito Santo" (Jo 1.33); "Eu vos batizo com água, para arrependimento; mas aquele que vem depois de mim é mais poderoso do que eu... Ele vos batizará com o Espírito Santo e com fogo" (Mt 3.11). E agora, exaltado à destra de Deus, e tendo "os sete Espíritos de Deus" (Ap 3.1), a plenitude do Espírito Santo, Ele derramará o Seu poder sobre aqueles que orarem por isso, assim como o Pai o derramou sobre Seu Filho.

Os símbolos e representações do revestimento do Espírito

Vejamos agora os símbolos e representações do revestimento do Espírito, aplicados igualmente a Cristo e aos Seus discípulos.

1. O selo do Espírito

Ouvimos Jesus dizer à multidão que O procurou por causa dos pães e dos peixes: "Trabalhai, não pela comida que perece, mas pela que subsiste para a vida eterna, a qual o Filho do Homem vos dará; *porque Deus, o Pai, o confirmou com o seu selo*" (Jo 6.27). Esse selo evidentemente nos reporta ao recebimento do Espírito ocorrido no Jordão. Uma das maiores autoridades em rituais e adoração judaica nos informa que era costume o sacerdote designado para esse serviço, uma vez selecionado um cordeiro de entre o rebanho, inspecioná-lo minuciosamente, para ver se era sem nenhum defeito físico, para daí pôr sobre ele o selo do templo, com isso assegurando que estava apto para ser sacrificado e servir de alimento. Eis o Cordeiro de Deus apresentando-Se no Jordão para ser inspecionado! Sob o onisciente olhar examinador do Pai, constata-se que Ele é "um cordeiro sem defeito e sem mancha" (1 Pe 1.19). Dos céus que se abrem, Deus dá testemunho desse fato com estas palavras: "Tu és o meu Filho amado, em ti me comprazo" (2 Pe 1.17), e então coloca sobre Ele o Espírito Santo, o testemunho da Sua filiação, o selo da Sua separação para o sacrifício e o serviço.

O discípulo é igual ao seu Senhor, nessa experiência. "... em quem também vós... tendo nele também crido, fostes selados com o Santo Espírito da promessa" (Ef 1.13). Como sempre aparece nas afirmações das Escrituras, esse acontecimento decorre em consequência da fé. Não é a conversão, mas é algo feito à alma já convertida, uma espécie de coroa da consagração, posta sobre a sua fé. Na verdade, os dois acontecimentos são apresentados em marcante contraste. Na conversão o crente recebe o testemunho de Deus e "certifica que Deus é verdadeiro" (Jo 3.33). Na consagração Deus põe o Seu selo sobre o crente, certificando que ele, o crente, é verdadeiro. Esse último é o "Amém" de Deus para com o cristão, confirmando o "Amém" do cristão para com Deus. "Mas aquele que nos confirma convosco em Cristo e nos ungiu é Deus, *que também nos selou* e nos deu o penhor do Espírito em nosso coração" (2 Co 1.21-22).

Se procurarmos saber para o que fomos comissionados e separados por meio dessa operação divina, talvez possamos descobri-lo ao examinar a monografia da Igreja, se assim pudermos chamar a misteriosa passagem que encontramos em uma das epístolas pastorais. A despeito da deserção e da incredulidade de algumas pessoas, o apóstolo diz assim: "Entretanto, o firme fundamento de Deus permanece, tendo este selo". Depois ele diz quais são as duas inscrições no selo: "O Senhor conhece os que lhe pertencem" e "Aparte-se da injustiça todo aquele que professa o nome do Senhor" (2 Tm 2.19). Domínio e santidade. Quando recebemos o dom do Espírito Santo, é para que, daí em diante, nos consideremos totalmente de Cristo. Se alguém evitar essa consagração, como pode possuir a plenitude do Espírito? Deus não pode colocar a Sua assinatura naquilo que não é d'Ele. Assim, se nos recusarmos a Deus, influenciados por um espírito mundano, insistindo em ser donos de nós mesmos, não devemos estranhar se Deus Se recusar a nós, negando-nos o selo do Seu domínio. Deus é muito zeloso por Seu selo. Ele graciosamente o aplica naqueles que estão dispostos a dedicar-se completa e irrevogavelmente ao Seu serviço, mas Ele firmemente o retém daqueles que, embora confessem o Seu nome, "servem às paixões e aos prazeres".

Há uma sugestiva passagem no Evangelho de João que salienta o que estamos explicando: "... muitos, vendo os sinais que ele fazia, creram no seu nome; mas o próprio Jesus não se confiava a eles" (Jo 2.23-24). Aqui está a grande essência para recebermos o selo do Espírito. Será que Cristo pode confiar em nós? Não; a questão é mais séria que isso. Será que Ele pode confiar a Si mesmo a nós? Será que o Espírito Santo, que é o Seu anel com sinete, pode ser confiado a nós para selar nossas orações e nos certificar como autênticos, sem comprometermos a Sua honra?

A outra inscrição no selo é: "Aparte-se da injustiça todo aquele que professa o nome do Senhor"[28]. O fato de possuirmos

---

[28] Note que a inscrição no selo é, de forma significativa, a mesma que estava na testa do Sumo Sacerdote: *hwhyl sdq* ou seja, SANTIDADE AO SENHOR (Êx 39.30).

o Espírito Santo nos compromete irrevogavelmente com a separação do pecado. Pois o que é a santidade senão a revelação do Espírito de santidade que habita em nós? Uma vida santificada é, por isso, a forma impressa do Seu selo: "Ele jamais pode ser nosso dono sem a Sua marca, o selo da santidade. O caráter do diabo não é, de forma alguma, um sinal de Deus. Nosso relacionamento com Ele é meramente aparente, a não ser que nossas ações sejam dignas de tão nobre nascimento e tragam honra a esse maravilhoso Pai." A grande função do Espírito na presente economia é comunicar Cristo à Sua Igreja, que é o Seu corpo. E o que é mais essencial a Cristo do que a santidade? "... nele não existe pecado. Todo aquele que permanece nele não vive pecando..." (1 Jo 3.5-6). O corpo só pode se manter sem pecado por meio de comunhão ininterrupta com a Cabeça; a Cabeça não mantém comunhão com o corpo, a não ser que este seja santo.

A ideia de domínio, que acabamos de considerar, aparece nas palavras do apóstolo: "E não entristeçais o Espírito de Deus, no qual fostes selados para o dia da redenção" (Ef 4.30). O dia da redenção ocorrerá na vinda de nosso Senhor em glória, quando Ele ressuscitará os mortos e arrebatará os vivos. Agora os que Lhe pertencem estão no mundo, mas o mundo não os conhece. Mas Ele colocou sobre eles a Sua marca, o Seu sinal, por meio do qual Ele os reconhecerá na Sua vinda. Naquela grande vivificação, na vinda do Redentor, o Espírito Santo será o selo por meio do qual os santos serão reconhecidos, e o poder por meio do qual eles serão conduzidos a Deus. "Se habita em vós o Espírito daquele que ressuscitou a Jesus dentre os mortos..." (Rm 8.11) é a grande condição para a vivificação final.

Da mesma forma que o ímã atrai as partículas de ferro, fazendo-as grudar nele quando lhes transmite o seu magnetismo, assim também Cristo, depois de ter dado o Espírito aos Seus, os atrairá por meio do Espírito. Não estamos agora discutindo se todos os que têm a vida eterna habitando em si haverão de participar da redenção do corpo; estamos meramente considerando a exortação apostólica de não entristecer o Espírito. Temos de cuidar para não desfigurar o selo com que fomos selados, para não deformar nem tornar incerta a assinatura pela qual haveremos de ser reconhecidos no dia da redenção[29].

Em resumo, o selo é o próprio Espírito Santo, que é recebido pela fé e repousa sobre o crente, produzindo segurança, alegria, capacitando-o para o serviço, coisas essas que sempre seguem a Sua influência sobre a alma que Lhe dá plena liberdade de ação. O Dr. John Owen[30], que escreveu exaustivamente e com muito discernimento sobre esse assunto, mais do que qualquer outro que conhecemos, resume tudo da seguinte forma: "Se pudermos compreender corretamente como Cristo foi selado, poderemos também aprender como nós somos selados. O Pai selou Cristo quando Lhe concedeu a plenitude do Espírito Santo, dando-Lhe autoridade e divino poder para todas as obras e responsabilidades do Seu ofício, de forma que ficasse evidente tanto a presença de Deus com Ele como a aprovação de Deus para com Ele. A forma com que Deus sela os crentes, então, é conceder graciosamente o Espírito Santo sobre eles, de forma a operar neles o Seu divino poder para capacitá-los para todas as responsabilidades do seu santo chamado, mostrando, tanto

---

[29] "O uso do selo como garantia de compra era especialmente compreensível aos efésios, uma vez que Éfeso era cidade marítima onde se dava intenso comércio de madeira, bastante frequentada por navios dos portos vizinhos. A compra se processava da seguinte forma: o mercador, depois de selecionar a madeira que lhe interessava, marcava-a com seu próprio selo, o qual lhe dava direito de propriedade. Muitas vezes ele não levava consigo na mesma hora a madeira comprada; ela permanecia ali no porto, na água, juntamente com outros carregamentos de madeira. Mas ela tinha sido escolhida, comprada e selada. No tempo apropriado o mercador enviava alguém da sua confiança, juntamente com o selo, pessoa essa que procurava e reivindicava a madeira selada e a levava para o uso do seu senhor. É assim que o Espírito Santo imprime agora na alma a imagem de Jesus Cristo; e esse é o verdadeiro penhor (garantia) da eterna herança" (E. H. Bickersteth, *The Spirit of Life* [O Espírito da vida], p. 176).

[30] **John Owen** (1616-1683) é um dos mais proeminentes teólogos que a Inglaterra já teve e, por consenso, o mais bem conceituado teólogo puritano. Muitos o classificariam, ao lado de João Calvino e de Jonathan Edwards, como um dos três maiores teólogos reformados de todos os tempos. Sobre sua famosa obra "*A Mortificação do Pecado*", publicada pela Editora Vida, J. J. Packer, ao fazer sua introdução, disse: "Devo mais a John Owen do que a qualquer outro teólogo do passado ou da atualidade, e devo mais a este livro do que a qualquer outro que ele já escreveu" (N. do E.).

para eles mesmos como para os outros, que foram aceitos diante d'Ele e afirmando a sua preservação para a vida eterna"[31].

2. A plenitude do Espírito Santo

Imediatamente após o Seu batismo, lemos: "Jesus, cheio do Espírito Santo, voltou do Jordão e foi guiado pelo mesmo Espírito, no deserto" (Lc 4.1). O mesmo registro se faz a respeito dos discípulos no cenáculo, imediatamente após a descida do Espírito: "Todos ficaram cheios do Espírito Santo" (At 2.4). O assunto tratado nessas passagens em nada parece diferente daquilo que, em outras passagens das Escrituras, se chama de receber o Espírito Santo. É uma experiência que pode ser repetida, e certamente o será, se estivermos vivendo no Espírito. Mas é claramente uma experiência de alguém que já se converteu. Isso fica evidente na vida de Paulo. Se, conforme citamos mais para o início deste capítulo, o recebimento do Espírito está associado sempre e inseparavelmente à conversão, alguém poderá com razão perguntar por que uma conversão tão marcante e radical como a do apóstolo aos gentios precisa ser seguida de uma experiência como a mencionada em Atos 9.17: "Saulo, irmão, o Senhor me enviou, a saber, o próprio Jesus que te apareceu no caminho por onde vinhas, para que recuperes a vista e fiques cheio do Espírito Santo". Parece que temos aqui uma clara indicação para aquilo que constantemente aparece nas Escrituras, tanto na doutrina como na experiência, algo divinamente distinto da conversão e posterior a ela, experiência que temos chamado de receber o Espírito Santo.

Podemos chamá-la também, apropriadamente, de "revestimento de poder"; repare a frequência com que, em todo o livro de Atos, poderosas obras e poderosos discursos estão relacionados a essa experiência. "Então, Pedro, *cheio do Espírito Santo*, lhes disse: Autoridades do povo e anciãos..." (At 4.8) é o prefácio

---

[31] John Owen, *Discourse Concerning the Spirit* (Palestra sobre o Espírito Santo), p. 406-407.

de um dos mais poderosos sermões desse apóstolo. "... *todos ficaram cheios do Espírito Santo* e, com intrepidez, anunciavam a palavra de Deus" (At 4.31) é um registro semelhante. "... elegeram Estêvão, homem *cheio de fé e do Espírito Santo*" diz a narrativa da escolha dos diáconos, em Atos 6.5. "Estêvão, cheio do Espírito Santo" é a tônica desse grande sermão do mártir. Esse enchimento do Espírito assinala uma decisiva e muito importante crise na vida cristã, é o que concluímos da história da conversão do apóstolo, a que acabamos de nos referir.

Mas, como já dissemos, estamos longe de afirmar que essa é uma experiência que ocorre uma vez para sempre, como parece ser o caso do selo. Assim como as palavras "regeneração" e "renovação", quando usadas pelas Escrituras, assinalam respectivamente a concessão da vida divina como possessão permanente e o seu aumento por meio de repetidas transmissões, quando somos selados recebemos o Espírito Santo uma vez para sempre, recebimento esse que pode ser seguido de repetidos enchimentos. É razoável concluir isso, uma vez que nossa capacidade está sempre aumentando e nossa necessidade sempre de novo aparece, conforme Godet[32] expõe de forma tão bela: "O homem é um vaso destinado a receber a Deus, um vaso que precisa ser ampliado na proporção em que se enche, e precisa ser cheio à medida que se amplia".

E mesmo assim confessamos aqui certo grau de incerteza quanto ao uso dos termos e se os dois que estamos considerando são exatamente a mesma coisa. Creio que devemos, por isso, fazer uma pausa e orar, uma vez que "nós não temos recebido o espírito do mundo, e sim o Espírito que vem de Deus, para que conheçamos o que por Deus nos foi dado gratuitamente" (1 Co 2.12). Que o bendito Revelador e Intérprete possa não somente nos revelar nosso privilégio e herança no Espírito Santo, mas nos ensinar

---

[32] **Frédéric Louis Godet** (1812-1900), professor e pastor francês, autor de *Commentary on the Gospel of John*, considerado um dos melhores comentários sobre esse evangelho, além de vários estudos sobre o original grego de livros do Novo Testamento (N. do E.).

a denominar e distinguir os termos pelos quais essas bênçãos nos são transmitidas.

Embora o fato a respeito do qual estamos falando pareça indubitável, a sua explicação está longe de ser fácil. Por essa razão, não podemos considerar de pouco valor um consenso de opinião a esse respeito por parte daqueles que têm pensado com mais cuidado e pesquisado com mais devoção sobre o assunto. Essa é a nossa justificativa para as inúmeras citações que introduzimos neste capítulo, por crer que o Espírito Santo provavelmente Se dará a entender por meio daqueles que mais O honram ao buscar a Sua direção e iluminação.

Numa recente obra sobre o assunto, na qual se uniram de forma harmoniosa tanto a erudição quanto o discernimento espiritual, o autor coloca da seguinte forma as suas conclusões: "Parece-me sem dúvida nenhuma, como assunto de experiência tanto dos cristãos de nossos dias quanto dos cristãos da Igreja primitiva, da forma que está registrado nos escritos inspirados, que, em adição ao dom do Espírito recebido na conversão, há outra bênção correspondente em seus sinais e efeitos à bênção recebida pelos apóstolos no dia de Pentecostes — uma bênção que precisa ser pedida e esperada por aqueles que já são cristãos e que pode ser descrita com a linguagem empregada no livro de Atos dos Apóstolos. O que quer que seja essa bênção, ela é uma direta ligação com o Espírito Santo; uma experiência que pode ser descrita pela expressão 'ser cheio do Espírito'. Assim como aconteceu com os cristãos primitivos, assim também ocorre conosco: o enchimento sobrevém quando há especial necessidade dele... E há uma ocasião em que essa bênção ocorre pela primeira vez. Essa primeira vez é uma crise espiritual que se torna referência para toda a sua vida espiritual futura. Talvez fique a dúvida sobre como chamar essa crise, ou pelo menos qual é o nome que as Escrituras nos autorizam dar a ela... Quer se esteja consciente disso ou não, toda a nova vida se deve à vinda do Espírito Santo na alma, com novo poder; e quanto mais conscientemente se entende isso, mais se encontra o Espírito Santo em Seu devido lugar em nosso coração. É somente quando Ele é conscientemente aceito em todo o Seu poder que se pode dizer que fomos tanto 'batizados' como 'cheios' com o Espírito Santo. Devo acrescentar que é possível afirmar que Deus desde o começo ofereceu ao Seu próprio povo uma posição mais elevada nesse assunto do que eles têm sido capazes de ocupar, pelo fato de que a plenitude do Espírito foi e é oferecida a cada pessoa na conversão; e que é unicamente por causa da falta de fé que as subsequentes efusões do Espírito Santo se tornaram necessárias"[33].

Parece claro, da exortação encontrada na Epístola aos Efésios, que o enchimento do Espírito nos pertence como privilégio da aliança, a qual evidentemente se aplica a todos os cristãos: "E não vos embriagueis com vinho, no qual há dissolução, mas enchei-vos do Espírito" (Ef 5.18). O uso passivo do verbo aqui é muito sugestivo. A vontade rendida, o corpo submisso, o coração esvaziado — são os grandes requisitos para que Ele entre. E quando Ele vier e encher o crente, o resultado é uma espécie de atividade passiva, como alguém que foi moldado e controlado, em vez de alguém que controla suas próprias ações. Sob a influência de bebida forte, há uma efusão de tudo que o espírito mau inspira — frivolidade, profanação e conduta desordenada. "Sejam homens embriagados de Deus", diz o apóstolo; "permitam que o Espírito de Deus os controle de tal forma que vocês transbordem em salmos e hinos e cânticos espirituais". Se um entusiasmo divino desses possui seus perigos, cremos que são menos temíveis do que o moderantismo que torna os servos de Deus satisfeitos com a letra das Escrituras, desde que essa letra seja manejada com habilidade e de forma sistemática, em vez de conceder ao Espírito o principal lugar como o inspirador e o gerador de todo serviço cristão.

3. A unção do Espírito

Após o batismo e a tentação, encontramos nosso Senhor apropriando-Se das palavras do profeta Isaías, conforme Ele as

---

[33] *Through the Eternal Spirit* (Pelo Espírito eterno), James Elder Cumming, p. 146-147.

leu na sinagoga de Nazaré: "O Espírito do Senhor está sobre mim, pelo que me ungiu para evangelizar os pobres" (Lc 4.18). Duas vezes, no livro de Atos, faz-se referência a esse importante acontecimento em termos similares: "... teu santo Servo Jesus, ao qual ungiste..." (At 4.27); "... Deus ungiu a Jesus de Nazaré com o Espírito Santo e com poder..." (At 10.38). E assim como aconteceu com o Senhor acontece com os Seus discípulos: "Mas aquele que nos confirma convosco em Cristo e nos ungiu é Deus..." (2 Co 1.21).

Aquele que estuda as Escrituras sabe quão estreitamente relacionada estava a cerimônia da unção a todos os importantes ofícios e ministérios dos servos de Jeová sob a antiga aliança. O sacerdote era ungido para que se tornasse santo diante do Senhor (Lv 8.12). O rei era ungido para que o Espírito do Senhor pudesse repousar sobre ele em poder (1 Sm 16.15). O profeta era ungido para que pudesse tornar-se o oráculo de Deus para o povo (1 Rs 19.16). Nenhum servo de Jeová era considerado preparado para seu ministério sem esse toque santo e santificador posto sobre ele. Nem mesmo a purificação do leproso ficava sem essa cerimônia. Requeria-se que o sacerdote imergisse o dedo direito no azeite que estava na sua mão esquerda, para colocá-lo na ponta da orelha direita, sobre o polegar da mão direita e sobre o polegar do pé direito daquele que estava sendo purificado. O azeite tinha de ser posto *"em cima do sangue da oferta pela culpa"* (Lv 14.17). Dessa forma, com divina exatidão, os tipos prenunciavam a dupla provisão para a vida cristã: a purificação por meio do sangue e a santificação por meio do azeite — justificação em Cristo, santificação no Espírito Santo.

Se agora indagarmos o que é essa unção, com certeza veremos que é o próprio Espírito Santo. Assim como Ele antes foi o selo, certificando que somos de Deus, agora Ele é o azeite que nos santifica — é o mesmo dom representado por símbolos diferentes. E assim como foi com Arão, o primeiro ungido qualificado para ungir a outros, ocorre com o nosso grande Sumo Sacerdote. É Ele, dentro do véu, que concede o Espírito aos que são Seus, para capacitá-los a serem "raça eleita, sacerdócio real, nação santa, povo de propriedade exclusiva de Deus" (1 Pe 2.9). "E vós tendes a unção do Santo e sabeis tudo" (1 Jo 2.20 – ARC). Cristo é constantemente chamado, no Novo Testamento, de "o Santo". E pelo fato de o Espírito Santo ter sido enviado para comunicá-lO ao povo, eles são feitos participantes tanto do Seu conhecimento como da Sua santidade.

Se dissermos que essa unção de que João fala é miraculosa, que se refere à iluminação divina dos evangelistas e profetas que foram comissionados para serem os veículos das Escrituras inspiradas, temos de chamar a atenção para outras passagens que associam o conhecimento de Deus com o Espírito Santo. "Porque qual dos homens sabe as coisas do homem, senão o seu próprio espírito, que nele está? Assim, também as coisas de Deus, ninguém as conhece, senão o Espírito de Deus" (1 Co 2.11). O cavalo e o seu cavaleiro podem ver a mesma estátua, magnífica obra de escultura posta no parque; um se delicia com aquele produto do gênio humano, mas aos olhos do outro aquilo não causa nenhuma impressão. A razão é simples: é necessária uma mente humana para apreciar a obra da mente humana. Da mesma forma, somente o Espírito de Deus pode conhecer e fazer conhecidos os pensamentos e ensinamentos e revelações de Deus. Parece ser esse o significado de João quando fala sobre a unção divina: "Quanto a vós outros, a unção que dele recebestes permanece em vós, e não tendes necessidade de que alguém vos ensine; mas, como a sua unção vos ensina a respeito de todas as coisas..." (1 Jo 2.27).

Em nenhum outro aspecto se manifesta mais claramente o revestimento do Espírito do que no magnífico discernimento da verdade revelada que ele transmite. Assim como no serviço é fácil discernir a diferença entre trabalhar no poder do Espírito e trabalhar na energia da carne, mais claramente se vê, no conhecimento e no ensino, a diferença entre o esforço para aprender e a intuição do Espírito. Embora não devamos desvalorizar o primeiro, é importante notar como a Bíblia coloca maior ênfase no último; de forma que o ouvinte não espiritual é considerado menos censurável por não discernir a verdade do que o pregador que, confiando no próprio intelecto, espera que isso aconteça. Quando, por exemplo, alguém tenta convencer, com os melhores argumentos, um descrente a respeito da divindade de Cristo — e fracassa em seus esforços — a palavra das Escrituras para ele é: "... ninguém pode dizer: Senhor Jesus!, senão pelo Espírito Santo" (1 Co 12.3).

Somente o Espírito de Jesus pode revelar aos homens o senhorio de Jesus, e a chave desse conhecimento o Espírito Santo jamais colocará na mão de nenhum homem, por mais instruído que seja. Como está escrito que Cristo é "o resplendor" (o cintilar, o refulgir) da glória do Pai e "a expressa imagem da sua pessoa" (Hb 1.3 - ARC), desse modo, por meio dessa bela figura, somos lembrados que, assim como somente podemos ver o sol por meio dos seus raios, apenas podemos conhecer a Deus em Jesus Cristo, o qual é a manifestação de Deus. Assim também é com respeito à segunda e à terceira Pessoa da Trindade. Cristo é a imagem do Deus invisível; o Espírito Santo é a imagem invisível de Cristo. Da mesma forma que Jesus manifestou o Pai visivelmente, o Espírito manifesta Jesus interiormente, de forma invisível, formando-O em nós como o homem oculto do coração, imprimindo a Sua imagem no espírito, impressão essa que nenhuma instrução intelectual, por mais diligente que seja, pode operar.

Em suas profundas palavras a respeito da "unção" e da iluminação que a acompanha, João estava meramente expondo pelo Espírito aquilo que Jesus tinha dito antes da Sua partida: "... quando vier, porém, o Espírito da verdade, ele vos guiará a toda a verdade... Ele me glorificará, porque há de receber do que é meu e vo-lo há de anunciar" (Jo 16.13-14). "O Espírito da verdade" — quanta instrução contém essa expressão e quão sugestiva ela é! Assim como Ele é chamado "o Espírito de Cristo", como quem revela Cristo em Seu sofrimento e glória, Ele é chamado "o Espírito da verdade", como quem manifesta a verdade em todas as suas profundezas e alturas. Da mesma forma que é impossível conhecermos a pessoa de Cristo sem que o Espírito de Cristo no-lO revele, é impossível que conheçamos a verdade como ela é em Jesus sem o Espírito da verdade que foi designado para transmiti-la. "... o Espírito da verdade, que o mundo não pode receber" (Jo 14.17) — é somente Ele que pode nos ensinar a clamar como verdadeiros filhos: "Abba, Pai". "... o Espírito da verdade, ele vos guiará a toda a verdade" (Jo 16.13). Conhecer a Deus depende total e completamente do Seu poder de comunicá-lo a nós, e sem a Sua iluminação isso estará totalmente fora da nossa percepção.

Dessa forma, vimos o revestimento do Espírito apresentado sob três aspectos: o selo, o enchimento e a unção. Todos esses termos, até onde podemos compreendê-los, significam a mesma coisa — o dom do Espírito Santo, apropriado por meio da fé. Cada um desses termos está ligado a algum revestimento especial — o selo, com segurança e consagração; o enchimento, com poder; e a unção, com conhecimento. Todos esses dons estão envolvidos naquele dom em que estão todos incluídos, e sem o qual não possuímos nenhum deles.

Embora concluamos, dessa forma, que é privilégio e dever do cristão clamar por uma unção específica do Espírito para capacitá-lo para o seu serviço, queremos ser cautelosos para não prescrever nenhuma fórmula estereotipada para ser seguida a fim de possuir essa unção. Não é difícil mencionar casos de experiências claras, vívidas e marcantes do revestimento do Espírito Santo, como na vida do Dr. Finney, de James Brainard Taylor e muitos outros. E em vez de desacreditar dessas experiências, que foram comprovadas pelos contemporâneos desses homens, que também viram seus efeitos, pedimos ao leitor que estude esses casos e observe os extraordinários efeitos que se fizeram acompanhar no ministério desses que provaram essa bênção. A vida de muitos dos colaboradores de Wesley e Whitefield confirmam de forma evidente a doutrina que estamos defendendo. Não são poucos os grandes homens de Deus que, depois de reconhecerem o Espírito Santo e O receberem, viram anos de ministério árido e estéril, nos quais o Evangelho foi pregado com ortodoxia e retoques literários, serem seguidos por pastorados dos mais fervorosos e frutíferos que se conhecem.

Não permitamos que esse importante assunto se complique por meio de pequenas definições teológicas, por um lado, nem pela extrema exigência por experiências espirituais impressionantes, por outro lado. Se não cuidarmos, colocaremos sobre as almas simples um fardo maior do que podem carregar. No entanto, jamais conseguiremos dar relevo suficiente à crise divina que ocorre na alma em decorrência da plenitude do Espírito Santo. "... meus filhos, por quem, de novo, sofro as dores de parto, até ser Cristo formado em vós" (Gl 4.19), escreve o apóstolo àqueles que já tinham crido no Filho de Deus. O que quer que seja que ele queria dizer nessa calorosa expressão, não duvidamos que o mais profundo anseio do Espírito diz respeito à formação de Cristo no coração, para que ocorra a conformação exterior com Cristo, que é o principal alvo da educação cristã. Se nossa concepção da vida cristã é meramente um crescimento gradual na graça, não existe o perigo de que cheguemos a considerar esse crescimento tanto invisível como inevitável e assim assumir pouca responsabilidade para que ele ocorra? Que o crente receba o Espírito Santo por meio de um definido ato de fé para sua consagração, assim como recebeu a Cristo pela fé para sua justificação. Não dará isso a ele a certeza de que está agindo de forma seguramente bíblica? Não conhecemos nenhuma outra forma de expor o assunto de forma tão clara como quando dizemos que é necessário aceitar pela fé, a fé que é

Uma afirmação e um ato,
Que torna a verdade eterna em presente fato.

É um fato que Cristo fez propiciação pelo pecado; na conversão a fé se apropria desse fato, para nossa justificação. É um fato que o Espírito Santo foi dado; na consagração a fé se apropria desse fato para nossa santificação. Um escritor diz, a esse respeito, com erudição evidentemente iluminada por uma profunda percepção espiritual: "Se posso mencionar uma experiência pessoal, quero aqui 'dar meu aval'. Não muito depois da primeira vez que me apropriei de forma específica da visão do Senhor crucificado como o sacrifício pela paz do pecador, tive uma maior compreensão e mais conscientemente me confiei à viva e graciosa pessoa do Espírito, por meio de cuja misericórdia eu tinha recebido a visão de Cristo como meu Salvador. Jamais esquecerei como veio sobre minha alma uma maior consciência de fé e paz nessa segunda experiência. Foi um novo aumento da compreensão do amor de Deus. *Foi como um novo contato com os internos e eternos movimentos da bondade e do poder, uma nova descoberta dos recursos de Deus"*[34].

Nossa doutrina está bem descrita nestas palavras: *"Um contato com os internos e eternos movimentos do poder de Deus"*. A apropriação da energia do Espírito, assim como o bonde se conecta com a corrente que está acima dele no cabo elétrico e recebe poder dele — dessa forma o poder que é eternamente nosso torna-se poder dentro de nós; a lei do Sinai, com suas tábuas de pedra, é substituída pela "lei do Espírito da vida" nas tábuas de carne do coração; o mandamento externo é mudado em um decálogo interno; deveres pesados, em santo prazer, para que daqui em diante a vida cristã possa ser "tudo em Cristo, pelo Espírito Santo, para a glória de Deus".

---

[34] *Veni Creator Spiritus* (Vem, Espírito criador), de H. C. G. Moule, p. 13.

6

A Comunhão do Espírito

> *Na Sua íntima união com o Seu Filho, o Espírito Santo é o único meio pelo qual Deus pretende comunicar ao homem a Sua própria vida, a vida sobrenatural, a vida divina — ou seja, a Sua santidade, o Seu poder, o Seu amor, a Sua felicidade. Para que isso aconteça, o Filho opera exteriormente; o Espírito Santo, interiormente.*
>
> Pastor G. F. Tophel

A conhecida bênção que invoca sobre nós a "comunhão do Espírito Santo" tem, provavelmente, um significado mais profundo do que normalmente se percebe. A palavra "comunhão" — *koinonia* – significa ter em comum. Ela é usada para a comunhão dos crentes uns com os outros e também para a comunhão deles com Deus. O Espírito Santo, que habita em nós, é o agente por meio do qual se efetua e se mantém essa comunhão de vida e amor. "Ora, a nossa comunhão" – diz o apóstolo João – "é com o Pai e com seu Filho, Jesus Cristo" (1 Jo 1.3). Mas essa comunhão com as duas primeiras pessoas da Divindade só era possível por meio da comunhão do Espírito Santo, a terceira Pessoa.

Quando prometeu o Consolador, Jesus disse: "Ele... há de receber do que é meu e vo-lo há de anunciar". Assim como o Filho, enquanto estava na Terra, transmitiu aos homens as riquezas do Pai invisível, assim o Espírito, agora, nos transmite as coisas ocultas do Filho invisível. E, se nos pedissem a descrição, em poucas palavras, do atual ofício do Espírito Santo, poderíamos dizer que é tornar real *em* nós aquilo que já é real *por* nós em nosso Senhor glorificado. Toda luz, vida e calor estão armazenados para nós no sol; mas essas coisas só podem chegar até nós através da atmosfera que se encontra entre nós e o sol, como meio de comunicação; assim também, em Cristo, estão ocultos "todos os tesouros da sabedoria e do conhecimento", e por meio do Espírito Santo isso é transferido a nós. Neste capítulo vamos tentar expor nossos tesouros ocultos em Cristo e refletir sobre os vários ofícios do Espírito para transmiti-los a nós.

1. *O Espírito da vida: nossa regeneração*

Nosso Senhor só assumiu a Sua plena prerrogativa como doador da vida para nós depois que tomou Seu lugar à direita de Deus. Ele esteve aqui na carne para morrer em nosso lugar; Ele assumiu nossa natureza para crucificar em Si mesmo a nossa vida adâmica, para destruí-la. Mas quando ressurgiu de entre os mortos e Se assentou no trono do Seu Pai, tornou-Se o doador da vida a todo o Seu corpo místico, que é a Igreja. Falar a respeito da salvação por meio da vida terrena de Jesus é conhecer Cristo somente "segundo a carne".

Está certo que o apóstolo diz: "... se... fomos reconciliados com Deus mediante a morte do seu Filho, muito mais, estando já reconciliados, seremos salvos pela sua vida" (Rm 5.10). Mas ele aqui se refere claramente à Sua vida glorificada. E Jesus, antevendo o tempo depois da Sua ressurreição de entre os mortos, diz: "porque eu vivo, vós também vivereis". O verdadeiro coração da Igreja é Cristo no trono, e cada regeneração é a pulsação desse coração nas almas nascidas do alto por meio do Espírito Santo. O novo nascimento, por essa razão, não é uma mudança de natureza, como às vezes é definido; é, antes, a transmissão da natureza divina, e o Espírito Santo é agora o mediador por meio de quem essa vida é transmitida.

Se tomarmos as palavras de nosso Senhor a Nicodemos – "se alguém não nascer de novo, não pode ver o reino de Deus" –, será de grande valia buscarmos o sentido mais profundo da expressão "de novo", *anothen*. Algumas pessoas traduzem essa expressão como "nascer *do alto*", que condiz muito bem com a realidade. A regeneração não consiste na elevação ao mais alto potencial da nossa vida natural, mas é a vida de Deus trazida para o mais baixo ponto de condescendência, ao coração do homem decaído. João, ao falar de Jesus como o doador da vida, chama-O de "quem vem das alturas" (Jo 3.31). Jesus, ao falar aos degenerados filhos de Abraão, diz: "Vós sois *cá de baixo*, eu sou *lá de cima*" (Jo 8.23). Chegar ao céu desenvolvendo e melhorando a sua vida natural tem sido o constante desejo e ilusão dos homens. Jesus, com um só golpe de revelação, destrói essa vã esperança, dizendo ao Seu ouvinte que, a não ser que ele nasça de Deus, que está no céu, assim como nasceu do seu pai terreno, ele não pode ver o reino de Deus.

Há outros que dizem que essas palavras de nosso Senhor significam "nascer do início". É necessário ocorrer um recomeço de vida, um retorno à fonte original de existência. Para encontrar isso, não basta voltar ao início criador revelado em Gênesis; precisamos retornar ao início pré-criação revelado em João, o livro do novo gênesis. Na abertura do livro de Gênesis encontramos Adão, que foi criado santo, agora decaído pela tentação, com a face desviada de Deus, e levando consigo toda a raça humana para o pecado e a morte. No início do Evangelho de João encontramos o Filho de Deus em santa comunhão com o Pai. "No princípio era o Verbo, e o Verbo estava com Deus", *pros ton theon* — não meramente procedente de Deus, mas completamente voltado para Deus em eterna comunhão. A conversão restaura o homem a essa atitude perdida: "... deixando os ídolos, vos convertestes a Deus (*pros ton theon*), para servirdes o Deus vivo e verdadeiro" (1 Ts 1.9). A regeneração restaura o homem à vida que perdeu, a vida do Filho de Deus, a vida que jamais deixou de ter comunhão com o Pai. "Eu lhes dou a vida eterna", diz Jesus. É vida eterna sem fim? Sim, e também não possui início. É incriada, diferente de tudo o mais que foi criado. É a vida do Deus Eu Sou, em contraste com a vida de todas as almas, que um dia começam a ser. Por meio do nascimento espiritual adquirimos a herança divina, assim como adquirimos uma herança humana por meio do nascimento físico.

Na breve antítese com que nosso Senhor encerra o Seu ensino sobre a necessidade do novo nascimento, temos tanto a filosofia como a justificação dessa doutrina: "O que é nascido da carne é carne; e o que é nascido do Espírito é espírito. Não te admires de eu te dizer: importa-vos nascer de novo" (Jo 3.6-7). O homem natural não pode ser transformado em homem espiritual por nenhum processo evolutivo, por mais prolongado que seja. E não há processo de degeneração que consiga deteriorar o homem espiritual em homem natural. Eles são, ambos, de descendência e origem totalmente diferentes; um é de baixo, o outro é de cima. Há somente uma forma pela qual se pode estabelecer o relacionamento da filiação, ou seja, pela geração. O fato de Deus ter criado todos os homens não faz deles filhos, no sentido evangélico do termo. A filiação que o Novo Testamento enfatiza com tanta frequência baseia-se total e unicamente na experiência do novo nascimento, enquanto a doutrina da filiação universal se apoia ou numa ousada negativa ou numa ousada pressuposição — a negação da queda universal do homem por meio do pecado, ou a pressuposição da regeneração universal do homem por meio do Espírito. Em ambos os casos o ensino é de "outro evangelho", que dará aos seus pregadores a recompensa não de uma bênção, mas de um anátema[35].

---

[35] É provável que o poeta Milton apresente a verdadeira origem dessa doutrina nas seguintes palavras, que ele colocou nos lábios de Satanás:
"Filho de Deus eu também sou ou fui;
E se eu fui, eu sou; os relacionamentos perduram;
Todos os homens são filhos de Deus."
John Milton (1608 - 1674) foi um escritor inglês, um dos principais representantes do classicismo de seu país, e autor do livro *O Paraíso Perdido*, um dos mais importantes poemas épicos da literatura universal, que conta a história ➤

O contraste entre as duas vidas e a maneira em que se efetua a participação — a *coinwonia* — com a nova vida nos é comunicada nas profundas palavras de Pedro: "... pelas quais nos têm sido doadas as suas preciosas e mui grandes promessas, para que por elas vos torneis coparticipantes (*coinwnoi*) da natureza divina, livrando-vos da corrupção das paixões que há no mundo" (2 Pe 1.4). Aqui temos o contraste entre as duas fontes de vida:

1. A corrupção das paixões que há no mundo.
2. A natureza divina que está no mundo por meio da encarnação.

Eis aqui a vida de Adão, da qual fazemos parte por meio do nascimento natural; e em oposição a ela está a vida de Cristo, da qual fazemos parte por meio do nascimento espiritual. Escapamos de uma, e passamos a ser coparticipantes da outra. A fonte e origem da vida natural são resumidas da seguinte forma: "a cobiça, depois de haver concebido, dá à luz o pecado; e o pecado, uma vez consumado, gera a morte" (Tg 1.15). O Jordão é um símbolo apropriado da nossa vida natural, pois ele nasce num alto monte e de fontes puras, mas desce cada vez mais até lançar-se no Mar Morto, que não tem saída nenhuma. A única esperança de salvação para o homem é ser tirado desse rio e ser trazido para a vida que flui do coração de Deus. E o método para que isso aconteça está claramente declarado: "pelas quais", ou seja, por meio das preciosas e mui grandes promessas.

Assim como acontece num enxerto, primeiro é necessário cortar o tronco velho e degenerado, para daí inserir o novo; assim também na regeneração nós somos desligados da carne e incluídos no Espírito. E aquilo que o implante representa no enxerto, a palavra ou promessa de Deus representa na regeneração. Ela é o meio pelo qual o Espírito Santo é transmitido, a

---

da queda de Lúcifer, publicado em 1667. Quatro anos mais tarde, lançou o livro *Paraíso Recuperado*, uma sequência do primeiro poema, que trata da vinda de Cristo à Terra para reconquistar o que Adão teria perdido (N. do E.).

célula germe na qual a vida de Deus está envolta. Por essa razão, a ênfase dada nas Escrituras sobre a apropriação da verdade divina. Está escrito que "segundo o seu querer, ele nos gerou *pela palavra da verdade*" (Tg 1.18). "... fostes regenerados não de semente corruptível, mas de incorruptível, *mediante a palavra de Deus*, a qual vive e é permanente" (1 Pe 1.23).

É muito profunda e significante, por isso, a palavra de Jesus a respeito do poder regenerador das Suas palavras, no sexto capítulo do Evangelho de João. Ele dá ênfase à diferença entre as duas naturezas, a humana e a divina, dizendo: "O espírito é o que vivifica; a carne para nada aproveita" (Jo 6.63). E depois acrescenta: "... as palavras que eu vos tenho dito são espírito e são vida" (Jo 6.63b).

Da mesma forma que Deus, na criação, soprou no homem o fôlego de vida e este se tornou alma vivente, assim o Senhor Jesus, por meio da palavra da Sua boca, que é o fôlego de vida, recria o homem e o torna vivo para com Deus. E comunica não apenas vida, mas também semelhança. "Criou Deus, pois, o homem à sua imagem, à imagem de Deus o criou" (Gn 1.27) é a maneira simples de relatar a história da origem de uma raça inocente. Depois, segue-se a tentação e a queda, e depois o relato da decadência de uma humanidade decaída: "Adão... gerou um filho à sua semelhança, conforme a sua imagem" (Gn 5.3).

E, com isso, quão imenso se tornou o abismo entre essas duas origens! Há um persistente e incansável pensamento no coração humano de que, não importa quão diferente esteja a semelhança de Adão da semelhança de Deus, é possível revertê-la por meio da educação e do treinamento. "Pau que nasce torto morre torto", diz o provérbio. Isso é verdade; mas embora um ramo torto possa desenvolver-se num carvalho ereto, não há esforço que consiga mudar a natureza das plantas a ponto de fazer os abrolhos produzirem uvas, nem os espinheiros produzirem figos. Aqui vemos outra vez claramente a dualidade do ensino de Jesus Cristo. "Não há árvore boa que dê mau fruto; nem tampouco árvore má que dê bom fruto" (Lc 6.43). E qual é o remédio para uma árvore corrompida, estragada? Cortar tudo o que é velho e implantar novo galho e novo tronco. É somente a vida de Deus que pode produzir a semelhança de Deus; o tipo divino está envolto na mesma semente que contém a natureza de Deus. Por essa razão se diz que, na regeneração, nos revestimos "do novo homem que se refaz para o pleno conhecimento, *segundo a imagem daquele que o criou*" (Cl 3.10) e recebemos a ordem de nos revestir "do novo homem, *criado segundo Deus, em justiça e retidão procedentes da verdade*" (Ef 4.24).

Em resumo, a imagem de Deus que se perdeu não é outra vez impressa em nós, mas é renovada dentro de nós. Cristo, nossa vida, foi "gerado pelo Espírito Santo" e tornou-Se a fonte e a origem da vida, daí por diante, para toda a Sua Igreja. A transmissão da vida divina de Cristo à alma por meio do Espírito Santo é um acontecimento oculto, mas de significado e consequências tão grandes que já foi corretamente chamado de "o maior de todos os milagres". Assim como a nossa vida natural foi operada de forma secreta e singular, muito mais a nossa vida espiritual. Mas esta última diz respeito à eternidade. "Quando o Senhor nasceu, o mundo seguiu seu velho rumo, pouco consciente de que havia chegado Um que um dia mudaria e regeria todas as coisas. Assim também, quando o novo homem é formado no interior, a velha vida por certo tempo prossegue como antes; as ocupações diárias, as necessidades terrenas, e muitas vezes velhas paixões e hábitos, continuam nos atraindo. Um olho mundano vê pouca coisa nova, embora a vida que perdura para sempre já tenha sido ressuscitada no interior e já tenha sido formado um novo homem que herdará todas as coisas[36]."

2. *O Espírito de santidade: nossa santificação*

"... segundo o Espírito de santificação", Cristo foi "declarado Filho de Deus em poder... pela ressurreição dos mortos" (Rm 1.4 - ARC). Fica evidente a antítese entre as duas naturezas de nosso Senhor, nessa passagem bíblica: Filho de Davi, segundo

---

[36] Andrew Jukes, *The New Man* (O novo homem), p. 53.

a carne; Filho de Deus, segundo o Espírito. E, "segundo ele é, também nós somos neste mundo" (1 Jo 4.17). Nós, que somos regenerados, temos duas naturezas, uma derivada de Adão, outra de Cristo, e nossa santificação consiste no duplo processo de mortificar e vivificar: amortecer e subjugar o que é velho e despertar e desenvolver aquilo que é novo. Em outras palavras, aquilo que se operou em Cristo, que foi "morto, sim, na carne, mas vivificado no espírito" (1 Pe 3.18), é outra vez operado em nós pela constante ação do Espírito Santo, e por meio da cruz e da ressurreição estende a sua influência a toda a vida do cristão. Considere as seguintes duas experiências.

A mortificação não é o mesmo que ascetismo. Não é compunção autoimposta, mas uma crucificação imposta por Cristo. O relacionamento de nosso Senhor com a cruz acabou no momento em que, no Calvário, Ele gritou: "Está consumado". Mas onde Ele terminou, cada discípulo precisa começar: "Se alguém quer vir após mim, a si mesmo se negue, tome a sua cruz e siga-me. Porquanto, quem quiser salvar a sua vida perdê-la-á; e quem perder a vida por minha causa achá-la-á" (Mt 16.24-25). Essas palavras, tão frequentemente repetidas por nosso Senhor, de uma ou de outra forma, deixam claro que o princípio da morte precisa ser operado dentro de nós para que o princípio da vida tenha sua influência definitiva e triunfante. No batismo, é com essa verdade que cada discípulo se compromete solenemente: "Ou, porventura, ignorais que todos nós que fomos batizados em Cristo Jesus fomos batizados na sua morte? Fomos, pois, sepultados com ele na morte pelo batismo; para que, como Cristo foi ressuscitado dentre os mortos pela glória do Pai, assim também andemos nós em novidade de vida" (Rm 6.3-4). O batismo é o monograma do cristão; por meio dele cada crente é selado e recebe a certificação de que é participante da morte e da vida de Cristo; e o Espírito Santo foi concedido para ser o Executor do contrato feito dessa forma no túmulo simbólico de Cristo.

Quando consideramos o grande fato da morte do crente, em Cristo, para o pecado e para a lei, não devemos confundir aquilo que as Escrituras claramente distinguem. Nós participamos de três mortes:

1. Morte no pecado, nossa condição natural.
2. Morte com relação ao pecado, nossa condição judicial.
3. Morte para o pecado, nossa condição santificada.

1. *Morte no pecado.* "... estando vós mortos nos vossos delitos e pecados", "e a vós outros, que estáveis mortos pelas vossas transgressões" (Ef 2.1; Cl 2.13). Essa é a condição em que nos encontramos por natureza, como participantes da queda e ruína em que a transgressão de nossos primeiros pais imergiu toda a raça humana. É uma condição em que nos encontramos destituídos de sensibilidade moral para com as exigências da santidade e do amor de Deus; e nos encontramos sob a sentença de punição eterna da lei que transgredimos. Cristo encontrou o mundo inteiro nesse estado de morte no pecado quando veio para ser nosso Salvador.

2. *Morte com relação ao pecado.* "Assim, meus irmãos, também vós morrestes relativamente à lei, por meio do corpo de Cristo" (Rm 7.4). Essa é a condição para a qual Cristo nos trouxe por meio do Seu sacrifício na cruz. Ele sofreu por nós a pena devida à transgressão da lei, e por essa razão somos vistos como quem sofreu a pena n'Ele. Aquilo que Ele fez é considerado como sido feito por nós: "... julgando nós isto: um morreu por todos; logo, todos morreram" (2 Co 5.14). Somos feitos um com Cristo, por meio da fé, e somos identificados com Ele na cruz: "Estou crucificado com Cristo" (Gl 2.19). Essa condição de morte com relação ao pecado, executada em nosso favor por nosso Salvador, faz com que estejamos legalmente ou judicialmente livres da penalidade destinada a quem transgride a lei, se consentirmos, pela fé, com essa transação.

3. *Morte para o pecado.* "Assim também vós considerai-vos mortos para o pecado, mas vivos para Deus, em Cristo Jesus" (Rm 6.11). Essa é a condição que torna real em nós aquilo que já é verdade por nós em Cristo; é tornar prático o que já é judicial. Em outras palavras, estar morto para o poder do pecado em nós,

assim como já estamos mortos para a penalidade do pecado por meio de Jesus Cristo. Como está escrito na Epístola aos Colossenses: "... porque já estais mortos" (judicialmente, em Cristo), "mortificai" (façam morrer, na prática), "pois, os vossos membros que estão sobre a terra" (Cl 3.3, 5 – ARC). É essa a condição que o Espírito Santo estará constantemente operando em nós, se o permitirmos. "... se, pelo Espírito, mortificardes os feitos do corpo, certamente, vivereis" (Rm 8.13). Isso não é algo que fazemos com nós mesmos, como a Versão Corrigida parece sugerir, ao colocar em letra minúscula a palavra "Espírito". O ego não é suficientemente poderoso para conquistar-se a si mesmo, nem o espírito humano é capaz de triunfar sobre a carne humana. Isso seria como um náufrago segurar com a mão direita a sua própria mão esquerda; ambas afundariam nas ondas do mar.

Lutero, o reformador, dizia: "O velho Adão é forte demais para o jovem Melanchthon[37]". A nossa única segurança é o Espírito de Deus vencer nossa natureza carnal, por meio da Sua vida que habita em nós. Nosso cuidado principal, então, deve ser "andar no Espírito" e sermos "cheios do Espírito", e tudo o mais virá espontaneamente e de forma inevitável. Da mesma forma que a crescente seiva da árvore expurga as folhas que, apesar das tormentas e do frio do inverno, insistem em permanecer na árvore, assim faz o Espírito Santo em nós, quando Lhe damos pleno domínio, subjugando e expelindo os resíduos da nossa natureza pecaminosa.

Não é possível deixar de ver que o ascetismo é uma completa inversão da ordem de Deus, já que o asceta procura a vida por meio da morte, em vez de encontrar a morte por meio da vida. Nenhum grau de mortificação jamais conseguirá conduzir-nos à santificação. Nós temos de nos despojar "do velho homem com os seus feitos". Mas como? Revestindo-nos "do novo homem que se refaz para o pleno conhecimento, segundo a imagem daquele que o criou" (Cl 3.10). Paulo diz: "Porque a lei do

---

[37] **Filipe Melanchthon** (1497-1560). Foi amigo e colaborador de Lutero. Após a morte deste, em 1546, tornou-se líder teológico da Reforma (N. do T.).

Espírito da vida, em Cristo Jesus, te livrou da lei do pecado e da morte" (Rm 8.2). Aqui está uma sugestiva declaração de alguém que descreve a mudança da antiga vida para a nova, da vida de constante derrota para a vida de vitória por meio de Cristo: "Antigamente era um constante desligar-se, agora é uma entrada diária". Ou seja: antes, o esforço se concentrava em livrar-se dos hábitos inveterados e das más inclinações da velha natureza – o egoísmo, o orgulho, as paixões e a vaidade. Agora, o empenho concentra-se em suplicar ao Espírito que faça a obra, em beber da Sua divina presença, em respirar, como uma atmosfera santa, a Sua vida sobrenatural.

É somente a habitação do Espírito que pode operar a expulsão do pecado. Isso fica claro quando consideramos aquilo que se tem chamado de "poder expulsivo de uma nova afeição". "Não ameis o mundo nem as coisas que há no mundo", dizem as Escrituras. Mas a experiência comprova que só é possível não amar quando se ama, ou seja, o amor ao mundo é vencido pelo amor às coisas celestiais.

Esse método está claramente exposto na Palavra. O "amor do Espírito" (Rm 15.30) nos é concedido para vencer o mundo. A vida divina é a fonte do amor de Deus. Por isso, "o amor de Deus é derramado em nosso coração pelo Espírito Santo, que nos foi outorgado". Pelo fato de estarmos, por natureza, tão completamente sem o amor celestial, Deus, por meio da habitação do Espírito, nos dá o Seu próprio amor, para que O amemos. Aqui está a mais alta credencial do discipulado: "Nisto conhecerão todos que sois meus discípulos: se tiverdes amor uns aos outros" (Jo 13.35). Assim como Cristo manifestou ao mundo o amor do Pai, devemos manifestar o amor de Cristo – uma manifestação, contudo, que só é possível porque possuímos a mesma vida d'Ele. Alguém disse acertadamente a respeito do mandamento do nosso Salvador (de que os Seus discípulos devem amar uns aos outros): "É um mandamento que seria inteiramente sem valor se não fosse pelo fato de que Ele, o Amado, está pronto a colocar o Seu próprio amor em mim. O mandamento, na verdade, é que sejamos ramos da videira verdadeira. Eu paro de viver e amar por mim mesmo e me rendo para expressar o amor de Cristo".

E aquilo que é verdade a respeito do amor de Cristo também é verdade a respeito da semelhança de Cristo. Como se adquire essa semelhança? Por meio da contemplação e da imitação? Alguns ensinam isso. E é verdade, se a habitação do Espírito envolve e circunda e poderosamente efetua tudo. Como está escrito: "E todos nós, com o rosto desvendado, contemplando, como por espelho, a glória do Senhor, somos transformados, de glória em glória, na sua própria imagem, como pelo Senhor, o Espírito" (2 Co 3.18). É somente o Espírito do Senhor habitando em nós que pode transformar-nos à imagem do Senhor que contemplamos.

Quem é capaz de conformar-se à imagem de Cristo por meio de imitação externa? Imagine alguém desprovido de talento e de treinamento artístico sentado diante da famosa pintura da Transfiguração, de Rafael, tentando reproduzi-la. Quão grosseira, sem graça e sem vida seria essa obra! Mas se fosse possível que o espírito de Rafael entrasse nesse mesmo homem e controlasse a sua mente, olhos e mãos, seria totalmente possível que ele pintasse essa obra-prima. Pois seria meramente Rafael reproduzindo a si mesmo. Esse é o verdadeiro mistério que ocorre com o discípulo cheio do Espírito Santo. Cristo, que é "a imagem do Deus invisível", é colocado diante dele como o seu divino modelo, e Cristo, pelo Espírito, habita dentro dele como a vida divina, e Cristo é capaz de expressar a Si mesmo a partir da vida interior para o exemplo exterior.

Naturalmente, semelhança com Cristo é apenas outro nome para santidade. Quando, na ressurreição, nos satisfizermos com a Sua semelhança (Sl 17.15), seremos aperfeiçoados na santidade. Isso é o mesmo que dizer que a santificação é progressiva; ela não é como a conversão, que é instantânea. Ao mesmo tempo temos de admitir a força do argumento de um escritor piedoso e atento, sobre o perigo de considerá-la *unicamente* como um crescimento gradual. Se um cristão se considera como "árvore plantada junto a corrente de águas, que, no devido tempo, dá o seu fruto", seu entendimento está correto. Mas deduzir que por isso o seu crescimento será tão certo como o da árvore, que ocorrerá de modo infalível simplesmente porque ele foi implantado em Cristo, pela regeneração, é um grave engano.

O discípulo precisa atuar de forma ativa, consciente e inteligente, no seu próprio crescimento, diferentemente da árvore, para "confirmar a vossa vocação e eleição". E quando dizemos "de forma ativa", não queremos dizer apenas atividade própria, pois "qual de vós, por ansioso que esteja, pode acrescentar um côvado ao curso da sua vida?", pergunta Jesus (Mt 6.27). Mas temos de nos render à ação de Deus no Espírito, orar no Espírito e andar no Espírito, condições essas tão essenciais ao nosso desenvolvimento na santidade como a chuva e o sol o são para o crescimento do carvalho. É possível que, por negligenciar e entristecer o Espírito, um cristão possa ser de estatura menor quando velho do que o era em sua infância espiritual, e a sua experiência acabe sendo um retrocesso em vez de um avanço. Por isso, ao dizer que a santificação é progressiva, tenhamos cautela para não concluir que ela haverá de ocorrer inevitavelmente.

Além disso, como investigadores sinceros, temos de perguntar o que está correto e o que está errado na doutrina da "santificação instantânea", a qual muitas pessoas piedosas dizem ter experimentado. Se estão falando de um estado de perfeição sem pecado, para o qual o crente foi subitamente elevado, e de uma libertação da natureza pecaminosa, a qual foi subitamente erradicada, temos de considerar essa doutrina como perigosamente falsa. Mas nós consideramos que se pode experimentar uma grande crise na vida espiritual, na qual ocorra uma completa rendição de si mesmo a Deus e um enchimento do Espírito Santo e se ver liberto dos apetites e hábitos pecaminosos e capacitado para viver em constante vitória sobre o próprio ego, em vez de sofrer constantes derrotas. Ao dizer isso, não afirmamos nada mais do que dizem as Escrituras: "... andai no Espírito e jamais satisfareis à concupiscência da carne" (Gl 5.16).

A verdade de Deus, como está revelada nas Escrituras, parece muitas vezes estar entre dois extremos. Isso também ocorre, de modo enfático, com respeito à questão que estamos considerando. Na Primeira Epístola de João encontramos um desses tremendos paradoxos. Primeiro, a vigorosa afirmação da pecaminosidade do cristão: "Se dissermos que não temos pecado nenhum, a nós mesmos nos enganamos, e a verdade não está em nós"; depois a vigorosa afirmação da ausência de pecado na vida desse mesmo cristão: "Todo aquele que é nascido de Deus não vive na prática de pecado; pois o que permanece nele é a divina semente; ora, esse não pode viver pecando, porque é nascido de Deus" (1 Jo 1.8; 3.9). A heresia se origina com a divisão ou escolha de apenas um dos extremos, e quase todos os erros graves têm surgido por se adotar a declaração de um dos extremos das Escrituras, rejeitando o outro. Se consideramos como heresia a doutrina da perfeição sem pecado, consideramos como maior heresia ainda o contentar-se com a imperfeição pecaminosa. E receamos muito que um grande número de cristãos inconscientemente fazem das palavras do apóstolo – "Se dissermos que não temos pecado nenhum, a nós mesmos nos enganamos" – uma justificativa para um baixo padrão de vida cristã. Seria quase melhor que exagerassem as possibilidades de santificação no seu anseio de alcançar a santidade do que subestimá-las em complacente satisfação com uma costumeira impiedade. Com toda certeza, não é nada edificante ver um cristão mundano jogar pedras num cristão que aspira ao que é perfeito.

Como poderíamos, então, enunciar de forma correta a doutrina que estamos considerando, de forma que envolva os dois extremos que aparecem na Epístola de João? *Pecaminoso em si mesmo, sem pecado em Cristo* é nossa resposta: "... nele não existe pecado. Todo aquele que permanece nele não vive pecando" (1 Jo 3.5-6). Se a vida de Cristo, por meio do Espírito Santo, nos é constantemente transmitida, essa vida haverá de prevalecer em nós. Essa vida é totalmente sem pecado, tão incapaz de se contaminar como o raio solar, que tem sua fonte e origem no sol. Nossa libertação do pecado será diretamente proporcional à solidez da nossa permanência n'Ele. E não duvidamos que há cristãos que se renderam de tal forma a Deus, e que pelo poder sustentador do Espírito têm sido mantidos nessa entrega, que o pecado não tem tido domínio sobre eles. Mesmo que neles o conflito entre a carne e o espírito não tenha cessado para sempre, tem havido vitória, com os incômodos pecados deixando de ocorrer e "a paz de Deus" reinando no coração.

Mas pecar é uma coisa, e outra coisa é possuir uma natureza pecaminosa. E não vemos nenhuma evidência nas Escrituras de que essa última seja jamais erradicada completamente enquanto estivermos no corpo. Se pudéssemos ver a nós mesmos com os olhos de Deus, sem dúvida descobriríamos a pecaminosidade lado a lado com nossos mais felizes momentos de conduta sem pecado, e a sujeira de nossa velha e decaída natureza manchando nossas mais alvas ações, de tal maneira a nos convencer de que ainda não somos perfeitos na Sua presença.

Queremos apenas enfatizar, com gratidão, este fato: assim como herdamos de Adão a natureza incapaz de livrar-se do pecado, herdamos de Cristo uma natureza incapaz de viver em pecado. Por isso, está escrito: "Todo aquele que é nascido de Deus não vive na prática do pecado; pois o que permanece nele é a divina semente" (1 Jo 3.9). Pecar não é da natureza da nova natureza; transgredir não é da constituição da "lei do Espírito da vida". Pois quando o homem renascido pratica o mal, ele transgride a lei da sua natureza, assim como antigamente obedecia à lei da sua velha natureza. Em resumo, antes da nossa regeneração, vivíamos em pecado e o amávamos; uma vez que fomos regenerados, talvez escorreguemos no pecado, mas nós o odiamos.

3. O Espírito da glória: nossa transfiguração

Pedro escreve: "... sobre vós repousa o Espírito da glória e de Deus" (1 Pe 4.14). Vamos lembrar o hábito deste apóstolo de dividir em dois os estágios da redenção: "os sofrimentos referentes a Cristo e sobre as glórias que os seguiriam". Aqui ele parece dar a entender que o corpo místico do Senhor, a Igreja, também passa pela mesma experiência da sua Cabeça: primeiro a humilhação, depois a exaltação. Mesmo no tempo da sua humilhação, a Igreja é habitação do Espírito da glória, assim como a nuvem de glória repousava sobre o tabernáculo no deserto durante todo o tempo da peregrinação dos filhos de Israel.

E não está Pedro dizendo a mesma coisa que Paulo, quando este usa a figura da criação que sofre: "E não somente ela, mas também nós, que temos as primícias do Espírito, igualmente gememos em nosso íntimo, aguardando a adoção de filhos, a redenção do nosso corpo" (Rm 8.23). Ainda não alcançamos a consumação da nossa esperança, por ocasião da "manifestação da glória do nosso grande Deus e Salvador Cristo Jesus" (Tt 2.13). Mas o Espírito, por cujo poder essa grande mudança se efetuará, já habita em nós, concedendo-nos por Sua atual operação a garantia e o antegozo da nossa glória definitiva.

E lemos isso também em outro lugar das Escrituras: "Se habita em vós o Espírito daquele que ressuscitou a Jesus dentre os mortos, esse mesmo que ressuscitou a Cristo Jesus dentre os mortos vivificará também o vosso corpo mortal, por meio do seu Espírito, que em vós habita" (Rm 8.11). Não se diz aqui que o nosso corpo morto será objeto da vivificação do Espírito, mas sim nosso corpo mortal – corpo que ainda não provou a morte, mas é propenso à morte e está destinado à morte se o Senhor tardar. Portanto, a vivificação referida nesse texto diz respeito mais exatamente aos santos ainda vivos do que à ressurreição dos santos que já morreram.

É claro que a consumação dessa vivificação se dará na vinda do Senhor, quando os que morreram haverão de ressurgir e os que estão vivos serão transformados. Mas pelo fato de o Espírito da vida habitar em nós, quem pode dizer que esse processo ainda não começou? Para esclarecer, Paulo diz: "Eis que vos digo um mistério: nem todos dormiremos, mas transformados seremos todos, num momento, num abrir e fechar de olhos, ao ressoar da última trombeta" (1 Co 15.51-52). Ou seja, assim como na vinda de Cristo os santos já mortos serão ressuscitados, os santos ainda vivos serão trasladados sem ver a morte. Eles serão transformados, pelo que conseguimos compreender, assim como Jesus o foi quando ressuscitou – o corpo glorificado, livre num instante de tudo que por natureza é terreno e mortal. O Espírito Santo transformará e imortalizará tão completamente esse corpo, que ele se tornará perfeitamente conformado à semelhança do corpo glorificado de Cristo.

Mas como temos o Espírito habitando em nós, gozamos as primícias (os primeiros frutos) dessa transformação na renovação diária do nosso homem interior, no auxílio, na cura e no fortalecimento que por vezes vêm ao nosso corpo por meio da vida oculta do Espírito Santo. A santificação é progressiva, aguardando ser consumada no futuro; assim também a glorificação é, de certa forma, progressiva, uma vez que pela presença do Espírito já temos a garantia da glória que haverá de ser.

Edward Irving[38] declara de forma muito bonita e resumida: "Da mesma forma que a doença é a forma visível do pecado no corpo, a antecipação da morte, o precursor da corrupção, e assim como a doença de qualquer tipo é o começo da morte, a vivificação do nosso corpo mortal por meio da influência interior do Espírito é a antecipação da ressurreição, a antecipação da redenção, o início da glória enquanto ainda estamos na humilhação".

Quando é que se completa a santificação? Na morte, é a resposta que encontramos em alguns credos e manuais de teologia. Talvez seja verdade; mas não afirmamos isso, pois as Escrituras não o afirmam. Pelo que conseguimos inferir da Palavra de Deus, a data da nossa santificação ou perfeição em santidade é fixada de forma definitiva no aparecimento do Senhor "segunda vez, sem pecado, aos que o aguardam para a salvação" (Hb 9.28). Nossa santificação em progresso no presente é o começo da glória em nós; nossa glorificação que será

---

[38] **Edward Irving** (1792 – 1834), um ministro da Igreja da Escócia (Presbiteriana), é conhecido como precursor do movimento carismático na Igreja. Falecido prematuramente aos 42 anos de idade, foi uma das mais célebres e controvertidas personalidades religiosas do século 19. Pregador eloquente e imensamente popular, pastor devotado e amado pelo seu rebanho, homem de profunda piedade cristã, ele veio a envolver-se em controvérsias teológicas que acarretaram a sua deposição do ministério presbiteriano e a subsequente formação de uma nova confissão religiosa, a Igreja Católica Apostólica (veja informações completas no site www.mackenzie.br) (N. do E.).

então operada será a glória completada em nós. O Espírito da glória que agora opera em nós transmite e já desenvolve dentro de nós o princípio da vida perfeita. Pelo fato de termos sido feitos "participantes do Espírito Santo", provamos "os poderes do mundo vindouro" (Hb 6.4-5), o tempo de completa libertação do pecado, da doença e da morte. Mas por enquanto apenas provamos isso; ainda não bebemos plenamente da fonte da vida imortal. É na vinda de Cristo que se consumará essa bênção: "... a fim de que seja o vosso coração confirmado em santidade, isento de culpa, na presença de nosso Deus e Pai, *na vinda de nosso Senhor Jesus, com todos os seus santos*" (1 Ts 3.13). Não somente isentos de culpa, mas sem defeitos, parece ser a condição aqui prenunciada, visto que se refere à esfera, ao ambiente da santidade.

Com isso está de acordo outro texto nessa mesma epístola: "O mesmo Deus da paz vos santifique em tudo; e o vosso espírito, alma e corpo sejam conservados íntegros e irrepreensíveis *na vinda de nosso Senhor Jesus Cristo*" (1 Ts 5.23). O tempo estabelecido para a consumação dessa completa isenção de culpa é a vinda do Salvador em glória. E quão sugestiva é a ordem seguida na citação do homem tripartido: "vosso espírito, alma e corpo". A nossa santificação se move de dentro para fora. Ela começa no espírito, que é o santo dos santos; o Espírito de Deus atua primeiro no espírito do homem ao renová-lo pela graça. Depois age na alma, até que por fim alcança o pátio exterior do corpo, na ressurreição e na transformação que então ocorrerá. Somente quando o corpo for glorificado é que se consumará a santificação, pois somente então o homem todo – espírito, alma e corpo – se encontrará sob o poder aperfeiçoador do Espírito.

Podemos ver a diferença entre a santificação progressiva e a santificação perfeita (ou glorificação) ao comparar alguns textos conhecidos. Já mencionamos um deles neste capítulo: "E todos nós, com o rosto desvendado, contemplando, como por espelho, a glória do Senhor, somos transformados, de glória em glória, na sua própria imagem, como pelo Senhor, o Espírito" (2 Co 3.18). Aqui encontramos graus de avanço: "de glória em glória", e é um avanço na vida glorificada – conformação gradual com o Senhor da glória, por meio de sucessivos estágios de glória, operados pelo Espírito da glória. O fraseado dessa passagem inevitavelmente nos traz à lembrança a grande experiência de transfiguração de nosso Senhor quando, numa espécie de arrebatamento, Ele foi, por um pouco, retirado "do presente século mau" (Gl 1.4 – ARC) e trasladado para "o século vindouro", levando-o a provar o seu poder quando "apareceu em glória" (Hb 6.5).

Assim diz o apóstolo: "E não vos conformeis com este século, mas transformai-vos pela renovação da vossa mente" (Rm 12.2). Ou seja, pela transformação interior que opera, o Espírito Santo reproduz em nós a glorificação do Senhor, separando-nos do presente século de pecado e morte, tornando-nos semelhantes ao século vindouro, com sua ressurreição triunfante e sua perfeita restauração a Deus, quando seremos apresentados "diante da sua glória sem defeito em grande gozo" (Jd 24 – Tradução Brasileira).

Esse é o nosso avanço passo a passo até a herança que nos foi predestinada; e é necessário que, no presente, seja passo a passo. "E todos nós recebemos também da sua plenitude", mas podemos nos apropriar dessa plenitude unicamente "graça por graça" (Jo 1.16). Fomos todos feitos participantes dessa justiça, mas avançamos na posse dela unicamente "de fé em fé" (Rm 1.17). Mesmo ao passar pelo vale árido podemos fazer dali um lugar de fontes, indo "de força em força" à medida que nos colocamos "diante de Deus em Sião" (Sl 84.6). Assim, nosso crescimento na graça é o início da glória; mas o progresso é como o lento e paciente aperfeiçoamento de uma tela.

Veja agora outra declaração: "Sabemos que, quando ele se manifestar, seremos semelhantes a ele, porque haveremos de vê-lo como ele é" (1 Jo 3.2). Qualquer dificuldade que se tenha na interpretação dessa passagem, um pensamento parece claro de todo o contexto: a plena manifestação de Deus trará a completa perfeição dos Seus santos. Alford[39] resume da seguinte forma o

---

[39] **Alford Henry** nasceu em Londres em 1810. É amplamente conhecido como o autor de *O Novo Testamento Grego*. Foi educado no Trinity College, em Cambridge, e ordenado em 1833. Um pregador eloquente, crítico bíblico e autor de hinos e poesia. Foi nomeado Deão de Canterbury em 1857 e exerceu essa notável função até o dia de sua morte, em 1871 (N. do E.).

significado dessa passagem: o crente regenerado pelo conhecimento de Deus "se torna mais e mais semelhante a Deus, por ter em si a Sua semente; a plena e perfeita consumação desse conhecimento, quando o crente entrar na real fruição do próprio Deus, haverá de trazer consigo, obrigatoriamente, a inteira semelhança com Deus".

Em resumo, parece-nos que a santificação, por ocorrer na manifestação de nosso Senhor encarnado, se assemelhará à fotografia instantânea, em comparação com a lenta e paciente produção da imagem de Cristo em nosso estado presente. "... num momento, num abrir e fechar de olhos, ao ressoar da última trombeta. A trombeta soará, os mortos ressuscitarão incorruptíveis, e nós seremos transformados" (1 Co 15.52). Daí o corpo glorificado e o espírito glorificado, há tanto tempo divorciados pelo pecado, se casarão outra vez. Enquanto esses dois estão separados pela morte, ou estão em guerra em nossa vida terrena, nossa perfeição em santidade é impossível.

É porque a ressurreição e a transformação dos santos serão instantâneas que afirmamos que a santificação será instantânea na vinda do Senhor. As Escrituras são sempre coerentes consigo mesmas, embora os autores dos livros que as compõem estivessem separados uns dos outros tanto temporal como geograficamente. Davi encontrou o mesmo tom alegre de João, embora os estudiosos insistam em dizer que ele não conhecia nada a respeito da ressurreição. "Eu, porém, na justiça contemplarei a tua face" – vê-lO como Ele é e ser feito apto para vê-lO. "... quando acordar, eu me satisfarei com a tua semelhança" – a conformação com a imagem de Deus no soar da trombeta da ressurreição (Sl 17.15). Talvez conjecturemos a respeito do que é a perfeição dos ressuscitados. Podemos encontrá-la nesta palavra: "... ressuscita corpo espiritual" (1 Co 15.44). *Agora*, quantas vezes o corpo domina o espírito, fazendo-o agir como não quer; mas *então* o espírito dominará o corpo, fazendo-o agir como quer.

Numa casa dividida contra si mesma não pode haver nem perfeição nem paz. Essa é a condição de nosso presente estado de humilhação. E não apenas o corpo, mas nosso interior imaterial pode estar em guerra com Deus. É o que o apóstolo Judas quer dizer em sua descrição de certas pessoas que se desviam, dizendo que eles são "sensuais, que não têm o Espírito" (Jd 19). A alma, o agente intermediário do homem, se podemos dizer assim, em vez de fazer aliança com nossa natureza mais elevada, o espírito, apoia a mais inferior, a carne, fazendo com que, em vez de espirituais, nos tornemos terrenos, animais (sensuais), demoníacos (Tg 3.15).

O homem todo precisa ser apresentado isento de culpa na vinda do Senhor, antes que passemos ao estado de bendita perfeição. Nosso espírito precisa não somente dominar nossa alma e nosso corpo, mas esses dois últimos precisam sujeitar-se ao Santo Espírito de Deus. É dessa forma vaga e imperfeita que descrevemos a perfeição do nosso "corpo espiritual". Agora, o corpo transporta o espírito, uma lenta carruagem, cujas rodas com frequência são impróprias, e seus mais rápidos movimentos são forçados e vagarosos. Depois, o espírito transportará o corpo, conduzindo-o como asas do pensamento para onde quiser. O Espírito Santo, pela divina operação interior da Sua vontade, terá completado em nós a semelhança de Deus e aperfeiçoado em nós o domínio de Deus. Daí o corpo humano estará em soberana sujeição ao espírito humano, e o espírito humano, ao Espírito de Deus, e Deus será tudo em todos.[40]

---

[40] Para se aprofundar mais neste assunto recomendamos a trilogia "Vida em um Plano mais Alto", de Ruth Paxson, notoriamente reconhecida como um clássico, publicada por esta editora (N. do E.).

7

O Ministério do Espírito

> *A partir do dia de Pentecostes, o Espírito Santo ocupa uma posição inteiramente nova. Toda a administração dos assuntos da Igreja de Cristo, desde aquele dia, foi delegada a Ele... Aquele dia foi a instituição do Espírito Santo como o Administrador da Igreja em todos os aspectos, ofício que Ele exercerá soberanamente, de acordo com as necessidades que surgirem. É investido dessa autoridade que a presente dispensação recebe d'Ele o nome... Há somente outro grande evento para o qual as Escrituras nos ordenam que olhemos, a segunda vinda do Senhor. Até lá, vivemos na era de Pentecostes e sob o governo do Espírito Santo.*
>
> James Elder Cumming

O Espírito Santo, pelo fato de ter vindo para ocupar o lugar do Redentor que foi assunto ao céu, tem sido chamado, corretamente, de "Vigário[41] de Cristo". Toda a administração da Igreja foi confiada a Ele, até a volta do Senhor em glória. A Sua supervisão se estende até o menor detalhe do governo da

---

[41] De acordo com o Dicionário Houaiss, *vigário* é aquele que substitui outro (N. do T.).

casa de Deus, mantendo tudo em sujeição à vontade da Cabeça e conduzindo tudo em harmonia com o plano de Deus.

Isso fica muito evidente no capítulo doze da Primeira Epístola aos Coríntios. Como numa série de círculos concêntricos há um só centro, que mantém cada circunferência num relacionamento definido com ele, assim vemos nessa passagem toda a "diversidade de serviços" determinada pelo Administrador, o Espírito Santo. "Ora, há diversidade de dons, *mas o Espírito é o mesmo*" (ARC); "há diversidade de operações, *mas é o mesmo Deus*" (ARC); diferentes palavras "*pelo mesmo Espírito*" (ARC); "*pelo mesmo Espírito, a fé*" (ARC); "*pelo mesmo Espírito, os dons de curar*" (ARC); milagres, profecias, línguas, interpretações, "mas *um só e o mesmo Espírito* realiza todas estas coisas, distribuindo-as, como lhe apraz, a cada um, individualmente". Reconhecer ou não a autoridade do soberano governo do Espírito Santo determina se a Igreja será uma anarquia ou uma unidade, uma sinagoga de corruptos ou o templo do Deus vivo.

A chave da grande apostasia, cuja sombra cobre hoje dois terços da cristandade nominal, é a desconsideração da Igreja para com o governo e a autoridade do Espírito Santo. Os servos da casa apropriam-se do poder e usurpam mais e mais as prerrogativas da Cabeça, a ponto de um homem colocar-se como o administrador da Igreja e temerariamente se apodera da posição do "Vigário de Cristo".

Quando o Espírito do Senhor, falando por meio de Paulo, quis retratar o mistério da iniquidade e o auge da apostasia, ele nos deu uma descrição inequívoca: "... a ponto de assentar-se no santuário de Deus, ostentando-se como se fosse o próprio Deus" (2 Ts 2.4). O que é o templo de Deus? Sem dúvida nenhuma é a Igreja: "Não sabeis que sois santuário de Deus e que o Espírito de Deus habita em vós?" (1 Co 3.16). De quem é a prerrogativa de assentar-se ali? Do Espírito Santo, seu soberano e administrador, e de ninguém mais.

Quando Cristo, nosso Paráclito para com o Pai, assumiu Seu ministério no céu, somos informados diversas vezes que Ele "assentou-se à direita de Deus". Daí por diante, o céu é o Seu trono oficial, até retornar em poder e grande glória. Quando Ele enviou outro Paráclito para habitar conosco durante esse tempo, o Espírito Santo assumiu Seu trono na Igreja, o templo de Deus, para ali governar e administrar até que o Senhor volte. Há somente uma "Santa Sé" na Terra, ou seja, o trono do Altíssimo na Igreja, que somente o Espírito de Deus pode ocupar, sob pena da mais audaciosa blasfêmia. Seria muito apropriado se os crentes atentassem na descrição de alguém "assentado no santuário de Deus", para aprender a lição que isso traz. Talvez não sejamos tentados a assentar um homem como o papa no trono do Espírito Santo[42], ou a estabelecer um clero que impõe uma ordem eclesiástica naquele lugar santo; mas lembremo-nos de que uma democracia pode ser culpada do mesmo pecado que uma hierarquia, ao resolver assuntos importantes por meio de "levantar a mão", em vez de aguardar em oração a direção do Espírito Santo, substituindo a voz do Espírito pela voz da maioria. É claro que admitimos que o Espírito Santo revela a Sua vontade por meio da voz dos crentes, assim como o faz pela voz das Escrituras. No entanto, é preciso haver a reverente santificação daquela e a reverente investigação destas, para que se cheguem a decisões na Igreja com o mesmo senso que houve no primeiro concílio cristão: "... pareceu bem ao Espírito Santo e a nós" (At 15.28).

Em 2 Coríntios 3 parece-nos haver uma orientação de como ouvir a voz do Senhor na direção dos assuntos da Igreja. Ali se fala claramente do ministério (*diaconia*) do Espírito em contraste com o ministério da lei. Seu testemunho está escrito "não com tinta, mas pelo Espírito do Deus vivente, não em tábuas de

---

[42] É claro que os escritores católicos alegam que o papa é o "Vigário de Cristo" unicamente por ser o porta-voz do Espírito Santo. Mas o Espírito foi dado à Igreja toda, ou seja, ao conjunto dos crentes regenerados e a cada membro desse corpo de acordo com a sua capacidade. O pecado do sacerdotalismo consiste em apropriar em favor de uns poucos aquilo que pertence a cada membro do corpo místico de Cristo. É um fato sugestivo que o nome *kleros*, que Pedro usa ao referir-se à igreja como o "rebanho de Deus", quando adverte os presbíteros para não agirem como "*tendo domínio sobre a herança de Deus*", aparece agora no uso eclesiástico como o "*clero*", com as respectivas ordens: o papa, os prelados, os bispos, cuja função é exercer domínio sobre o rebanho de Cristo.

pedra, mas em tábuas de carne, isto é, nos corações". É preciso um coração sensível para que essa inscrição se possa processar; uma vontade plenamente submissa, por meio da qual Ele possa operar. Na mesma passagem lemos que "onde está o Espírito do Senhor, aí há liberdade"; liberdade para Deus falar e agir conforme quiser por meio de nós, o que significa fidelidade; não liberdade para agirmos conforme nós queremos, o que seria libertinagem.

Cremos que existe algo muito sugestivo no ensino do Senhor a esse respeito, no evangelho pós-ascensão, o Apocalipse. Acreditamos, assim como o fazem vários dos melhores comentaristas, que as cartas às sete igrejas são uma apresentação profética dos sucessivos estágios da história da Igreja — seus declínios e restaurações, seus fracassos e seus arrependimentos, da ascensão até a volta do Senhor. E pelo fato de que a noiva de Cristo sempre está sendo seduzida a ouvir falsos mestres e a render-se à direção de maus conselheiros, o Senhor a está constantemente admoestando a ouvir a voz do seu verdadeiro Mestre e Guia, o Espírito Santo. Quão vigorosamente essa advertência se apresenta no drama apocalíptico! Na abertura dos diversos selos, que representam os juízos de Deus sobre a cristandade apóstata, repete-se o grito: "Vem!", "Vem!", "Vem!", "Vem!" (Ap 6) — como se a Igreja sob castigo tivesse de reaprender sempre de novo a súplica pela vinda, que o seu Senhor lhe colocou nos lábios no princípio: "Vem, Senhor Jesus". Dessa forma, em cada estágio da apostasia da Igreja se ouve uma voz do céu dizendo: "Quem tem ouvidos, ouça o que o Espírito diz às igrejas". Essa é a admoestação daquele "que tem os sete Espíritos de Deus", por sete vezes dirigida à Sua Igreja durante a sua história terrena, chamando-a de volta do caminho que lhe ensinaram seus falsos guias e mestres enganadores, para ouvir a voz do seu verdadeiro Consolador.

Depois dessa visão geral do ministério do Espírito Santo, vamos agora especificar as ações e ofícios em que Ele exerce essa autoridade.

1. O Espírito Santo no ministério e governo da Igreja

Quando fala aos presbíteros de Éfeso, Paulo diz: "Atendei por vós e por todo o rebanho sobre o qual o Espírito Santo vos constituiu bispos, para pastoreardes a igreja de Deus" (At 10.28). Fica bem claro que no início os bispos ou pastores eram constituídos pelo Espírito de Deus, e não pelo voto do povo. Tanto o ofício como as suas incumbências provinham de orientação direta de Deus. Vemos isso nitidamente exposto na Epístola aos Efésios: "Quando ele subiu às alturas, levou cativo o cativeiro e concedeu dons aos homens. ... E ele mesmo concedeu uns para apóstolos, outros para profetas, outros para evangelistas e outros para pastores e mestres, com vistas ao aperfeiçoamento dos santos para o desempenho do seu serviço, para a edificação do corpo de Cristo" (Ef 4.8-12). A ascensão do Senhor e a descida do Espírito são apresentadas aqui em sua relação vital. No primeiro evento Cristo assentou-Se no céu como "cabeça de todas as coisas para a igreja" (Ef 1.22 – NVI); no outro, o Espírito Santo desceu para iniciar a obra de "edificar o corpo de Cristo". É claro que é a Cabeça que orienta a edificação do corpo, o qual, "bem ajustado, cresce para santuário dedicado ao Senhor". E é o Espírito Santo que supervisiona essa construção, uma vez que somos "edificados para habitação de Deus no Espírito".

Por essa razão, todos os ofícios por meio dos quais essa obra é executada são designados por Cristo e executados por meio do Espírito Santo, a quem enviou. Suponhamos que os homens inventem ofícios que não foram citados na lista inspirada, instalando na Igreja uma ordem de papas e reverendos. Não é isso presunção, cujo pior fruto não é apenas trazer confusão ao corpo de Cristo, mas gerar desobediência ao comando do Espírito Santo? Mas suponhamos, por outro lado, que religiosamente se mantenham esses ofícios do ministério estabelecido na Igreja, mas que os preenchamos conforme nossa própria preferência e vontade — seria isso menos afronta ao Espírito?

Os erros cometidos pelos servos de Deus, registrados nas Escrituras, sem dúvida têm como objetivo instruir-nos e admoestar-nos, tanto quanto os exemplos de obediência que ali se encontram. Acreditamos não estarmos errados por ver uma advertência dessas no primeiro capítulo de Atos dos Apóstolos. Faltava um dos doze apóstolos. Pedro, colocando-se em pé no cenáculo, com firmeza afirmou que essa vaga tinha de ser preenchida, e que um dos homens que os tinha acompanhado durante o ministério terreno do Senhor se tornasse "testemunha conosco da sua ressurreição". Mas os discípulos jamais tinham tido participação na escolha dos apóstolos.

O Senhor tinha feito isso conforme a Sua soberana vontade: "Não vos escolhi eu em número de doze?". Agora Ele tinha partido para o céu, e o Seu Ministro ainda não tinha chegado para começar a obra do Seu ofício. É evidente que era melhor aguardar a vinda do Paráclito com os Seus dons, já que a condição estabelecida por Deus era que Cristo, depois de "subir às alturas", concederia "uns para apóstolos". E não apenas isso, mas estamos persuadidos de que, com a partida de Cristo e o Espírito Santo ainda por chegar, era impossível uma escolha válida de um apóstolo. Mas apesar disso, houve uma escolha; fez-se uma oração, na qual se pediu que o Senhor indicasse qual dos candidatos Ele tinha escolhido; e então se fez uma votação, em que Matias foi eleito.

Temos alguma indicação de que essa escolha foi alguma vez ratificada pelo Senhor? Pelo contrário, depois desse evento, Matias nunca mais nem sequer é mencionado, fica no mais absoluto anonimato. Uns dois anos depois, o Senhor chama Saulo de Tarso; ele é selado com o Espírito Santo e recebe credenciais tão evidentes dessa escolha divina, que ele mesmo diz ousadamente: "Paulo, apóstolo, *não da parte de homens, nem por intermédio de homem algum, mas por Jesus Cristo e por Deus Pai*" (Gl 1.1).

Nós cremos que o ofício apostólico desapareceu, uma vez que o requisito para sê-lo – ter sido testemunha da ressurreição do Senhor — é agora impossível.[43] Mas o ofício de pastor,

---

[43] Essa era uma credencial ressaltada por Pedro para completar a vaga deixada por Judas entre os doze apóstolos do Cordeiro (Atos 1). Entretanto, notáveis mestres da Palavra acreditam que, além dos doze, há apóstolos levantados pelo Espírito Santo depois da ascensão do Senhor, conforme Efésios 4, cujo requisito básico é ser comissionado e enviado por Ele, conforme Atos 13.1-4 e Romanos 16.7. No entanto, não diminuiu o valor desta obra (N. do E.).

presbítero, bispo ou mestre do rebanho continuam existindo. E o plano divino é que esses ofícios sejam ocupados da mesma forma que no início: pela indicação do Espírito Santo. E não se pode duvidar que Ele escolherá hoje pastores e os colocará sobre os rebanhos certos da mesma forma que fazia no início se esperarmos confiantemente em oração por Sua direção e nos submetermos com temor à Sua vontade quando Ele a revelar.

É muito bonita a descrição, em Apocalipse, do Senhor glorificado, movendo-Se entre os candeeiros. Há "sete candeeiros de ouro" agora, e não apenas um como no templo dos judeus. A Igreja de Deus é multiforme, e não uma só unidade. Aquele "que anda no meio dos sete candeeiros de ouro" "conserva na mão direita as sete estrelas". Essas estrelas são "os anjos das sete igrejas" — os seus ministros ou bispos, como geralmente se entende. O Senhor os conserva na Sua mão direita.

Não é a Ele somente que temos de nos dirigir para que sejam concedidos? Sim. "Rogai, pois, ao Senhor da seara que mande trabalhadores para a sua seara" (Lc 10.2). Não há nenhuma indicação nas Escrituras a respeito de pedir os ministros da Igreja a não ser ao próprio Senhor da seara. Não é Ele quem dá os ministros, e Ele somente? Sim. "Quando ele subiu às alturas... concedeu uns para... pastores e mestres". E agora, ao falar à igreja em Éfeso (a cujos presbíteros, escolhidos pelo Espírito Santo, Paulo com tanta afeição exortou em Atos 20), Cristo é visto na atitude de Sumo Pastor e Bispo, concedendo pastores com a própria mão, estabelecendo-os com a própria mão direita, advertindo a igreja que, embora eles tenham experimentado e rejeitado os falsos apóstolos, eles contudo haviam deixado o seu "primeiro amor". Palavra significante! Foi a esse amor que nosso Senhor condicionou a habitação do Pai e do Filho por meio do Espírito Santo (Jo 14.23). A perda desse amor torna iminente a remoção do candeeiro do seu lugar; e o aviso é dado assim: "Quem tem ouvidos, ouça o que o Espírito diz às igrejas". Sem o Espírito o candeeiro não consegue produzir luz e perde o seu lugar de testemunho.

Acaso não temos visto igrejas mortas, cujo testemunho foi silenciado, cujo lugar está vago, embora se mantenha a forma sem vida? E qual é a maneira de salvaguardar-se disso? Não é atender à exortação do apóstolo: "Não apagueis o Espírito"? É preciso ouvir a voz do Senhor na Sua Igreja, e a prerrogativa de transmitir essa voz é do Espírito Santo. Existe alguma possibilidade de ouvir essa voz quando um "rei" ou "o primeiro-ministro" mantém essa função de designar os bispos, como no caso das igrejas estatais? Existe alguma certeza disso quando um líder estabelece pastores sobre rebanhos tomando por base sua própria vontade?

Talvez nos alegremos por não pertencer a uma "igreja estatal" nem estejamos sujeitos a algum bispo hierárquico; mas há maneiras de não levar em conta ou reprimir a voz do Espírito Santo que, embora mais simples ou muito menos aparentes do que aquelas, não são menos violentas. Os irmãos humildes e piedosos de uma pequena igreja, depois de muito orar e aguardar em Deus pela direção do Espírito, talvez cheguem à conclusão de que os sinais da escolha de Deus estejam claramente manifestos em favor de alguém. Nesse ínterim, uma "comissão do clero" ou alguma assembleia de "irmãos da liderança" rejeita a decisão dos irmãos, alegando, talvez, que o candidato não é conhecido o suficiente e não tem muita expressão junto do público. Ah, pobre desse pequeno rebanho, dominado de tal forma que não pode atender à voz do Espírito Santo!

E não há segurança na decisão nem da maioria nem da minoria de um grupo se em ambos os casos não houver uma persistente espera no Senhor para conhecer a Sua vontade. De que vale "levantar as mãos" numa votação se não se vê levantada a mão d'Aquele "que conserva na mão direita as sete estrelas"? Que valor tem um voto verbal se não se ouve a voz viva de Cristo por meio do Seu Espírito?

Talvez alguém argumente que estamos apresentando um padrão impossível de alcançar. É um alto e difícil padrão, admitimos, como sempre o são todas as mais altas realizações, mas não é um padrão impossível de atingir. É mais fácil recitar nossas orações de um livro do que da tábua de um coração preparado, onde o dedo do Espírito silenciosamente as escreveu; mas o caminho mais difícil é mais aceitável para Aquele que procura adoradores que O adorem "em espírito e em verdade". É mais fácil aceitar a opinião de um grupo reunido para escolher um pastor do que aprender "a mente do Espírito" por meio de paciente espera e humilde sujeição a Deus; mas o caminho mais árduo com certeza se mostrará o mais proveitoso.

Estamos persuadidos de que a negligência em andar nesse caminho é a causa de mais decadência e morte espiritual nas igrejas do que jamais imaginamos. Da torre de vigília de onde escrevemos podemos divisar um bom número de igrejas onde com toda certeza está escrito "Icabô[44]", de onde a glória de Deus já se afastou há muito tempo. Os discípulos estavam fundamentados na oração e na consagração, "para servir ao Deus vivo e verdadeiro e esperar dos céus a seu Filho".

Por que se extinguiu a sua luz, embora ainda se mantenha a lâmpada que um dia a produziu, adornada e embelezada com o melhor que a arte e a arquitetura podem produzir? Aquele que anda entre os candeeiros conhece a sua história. Quanta violência não se fez, pela teimosa vontade própria, Àquele que é chamado "o Espírito de conselho e de fortaleza"? Quanta rejeição da verdade ensinada à Igreja não houve contra "o Espírito da verdade", até que vieram as terríveis palavras: "... vós sempre resistis ao Espírito Santo; assim como fizeram vossos pais, também vós o fazeis" (At 7.51). Porventura essas palavras se aplicam apenas aos religiosos judeus? É somente ao templo judeu que estas palavras se referem: "Eis que a vossa casa vos ficará deserta" (Mt 23.38)? É verdade que o Espírito não Se retirará completamente do corpo de Cristo, mas existe a Igreja, e existem as igrejas. É possível que alguém sobreviva e continue respirando mesmo quando seus pulmões tenham se deteriorado, célula após célula, até que reste apenas um pouquinho de fôlego de um só dos seus pulmões. Aquele que lê entenda.

---

[44] 1 Samuel 4.21 (N. do T.).

O Espírito Santo é o sopro de Deus no corpo da Sua Igreja. Enquanto esse corpo divino sobrevive pela ação do Espírito, há uma enorme quantidade de igrejas que afastaram o Espírito do governo e Lhe tolheram a autoridade e supremacia do seu meio, a tal ponto que a única coisa que o Senhor do céu lhes pode dizer é: "Tens nome de que vives e estás morto" (Ap 3.1).

Em resumo, o ministério do Espírito é tão vital e indispensável, que sem ele nada mais tem valor. Alguns confiam em credos; outros, em ordenanças; alguns creem que a segurança da igreja está na teologia sadia; outros a veem numa organização despretensiosa e numa adoração sem muitas regras. Contudo, embora essas sejam coisas desejáveis, nenhuma delas é a segurança da igreja. Talvez o corpo esteja perfeito, não faltando nenhum dos seus membros, mas, pelo simples fato de o Espírito ter Se retirado dele, deixou de ser uma igreja e tornou-se um cadáver. Alguém já o expressou de forma contundente: "Quando o Espírito Santo Se afasta... às vezes Ele permite que continuem as formas que Ele mesmo criou. O óleo se acabou, mas a lâmpada continua ali; fazem-se orações e se lê a Bíblia; continua-se indo à "igreja", e até certo ponto há prazer em participar das reuniões. Em resumo, preservam-se os hábitos religiosos e, como os cadáveres achados em Pompeia[45], os quais se encontravam perfeitamente preservados na posição em que a morte os surpreendeu, mas foram reduzidos a pó quando postos em contato com o ar, assim as rajadas de vento da provação, da tentação ou do juízo final haverão de destruir esses cadáveres espirituais"[46].

---

[45] Uma exposição na Itália mostra os corpos de vítimas da erupção do vulcão Vesúvio sobre a cidade italiana de Pompeia no dia 24 de agosto de 79 d.C. A cidade e o povoado vizinho de Herculano foram cobertos por uma mistura de lava, pedras e cinzas. Estima-se que entre 10 mil e 25 mil pessoas tenham morrido após a erupção. O processo de escavação e preservação dos corpos em gesso vem ocorrendo desde o século XIX. Fonte: BBC Brasil, em 05/04/2010 (N. do E.).

[46] *The Work of the Holy Spirit in Man* (A obra do Espírito Santo no homem), Pastor G. F. Tophel, p. 66.

2. O Espírito Santo na adoração e nas reuniões da Igreja

Haverá alguma coisa que somos chamados a fazer, da mais elevada à mais simples, em relação à casa de Deus, da qual o Espírito Santo não é o agente nomeado? É verdade que os crentes são os instrumentos pelos quais Ele age; mas eles não têm função nenhuma à parte da inspiração e da direção d'Ele, assim como um instrumento de sopro depende do vento que produz a melodia ao passar por ele. Para tornar isso claro, vamos considerar as várias partes das reuniões da igreja como normalmente são conduzidas, reparando a ligação que têm com o seu divino Ministro.

(1) A pregação é, por consentimento geral, um importante fator da obra do ministério. Em que consiste a sua inspiração e autoridade? Pedro expõe de forma simples o método apostólico: "... *pelo Espírito Santo enviado do céu,* vos pregaram o evangelho" (1 Pe 1.12). O verdadeiro pregador não é o que usa o Espírito Santo, mas é aquele que é usado pelo Espírito. Ele fala como alguém que se move no elemento e na atmosfera do Espírito Santo e é controlado pelo Seu divino poder.

É nesse aspecto que a mensagem se diferencia infinitamente do discurso, e o pregador, do orador. Paulo enfatiza claramente esse contraste na carta aos coríntios. O único assunto da sua pregação, diz ele, era "Jesus Cristo e este crucificado", e a única inspiração da sua pregação, o Espírito Santo: "A minha palavra e a minha pregação não consistiram em linguagem persuasiva de sabedoria, mas em demonstração do Espírito e de poder" (1 Co 2.4).

O que quis dizer Philip Henry quando resolveu "pregar Cristo crucificado de forma crucificada"? Possivelmente mais do que ele pensou ou sabia. Ele "dará testemunho de mim", é o que Jesus diz a respeito do Paráclito prometido. O Consolador dá testemunho d'Aquele que foi crucificado. Nenhum outro assunto no púlpito tem assegurada a Sua cooperação. Filosofia, poesia, arte, literatura, sociologia, ética e história são assuntos que atraem a atenção de muita gente, e aqueles que lidam com esses temas no púlpito podem até apresentá-los com palavras atraentes da genialidade humana; mas não há garantia de que o Espírito Santo dê o aval do Seu testemunho a essa apresentação.

A pregação da Cruz, em moderada simplicidade no falar, possui a garantia da demonstração do Espírito, como não o tem nenhum discurso secular, ou moral, ou mesmo religioso. Quando Paulo escreve aos tessalonicenses: "... o nosso evangelho não chegou até vós tão somente em palavra, mas, sobretudo, em poder, no Espírito Santo e em plena convicção" (1 Ts 1.5), precisamos lembrar que "nosso evangelho" significava uma única coisa para Paulo: a apresentação de Jesus Cristo crucificado no meio do povo. Se virmos isso, teremos encontrado o segredo do poder do Evangelho. Não deverá ser, então, essa a suprema questão do pregador, os assuntos que com certeza garantem o testemunho do Espírito Santo, em vez dos assuntos que atraem a atenção do povo?

Coloquemos lado a lado o pregador popular e o pregador apostólico, e avaliemos qual recompensa queremos escolher: admiração geral do povo ou o testemunho de Deus, "por sinais, e milagres, e várias maravilhas, e dons do Espírito Santo, distribuídos por sua vontade" (Hb 2.4)? O sermão aprovado com aplausos e aclamações ou a Palavra recebida "com alegria do Espírito Santo" (1 Ts 1.6)? Admiração pelo pregador por parte de todos os que ouviram o discurso ou cair "o Espírito Santo sobre todos os que ouviam a palavra" (At 10.44)? Não há palavras que descrevam a gravidade do assunto que estamos ventilando.

A presente geração está rapidamente perdendo a compreensão do sobrenatural; como consequência disso, o púlpito está rapidamente descendo ao nível da plataforma do discurso. E cremos que esse declínio deve-se, mais do que a qualquer outra coisa, à desconsideração do Espírito Santo como o supremo inspirador da pregação. Queremos ver um grande orador no púlpito, esquecendo-nos de que o menor expositor da Palavra, quando cheio do Espírito Santo, é maior do que ele. Com certeza, queremos o Evangelho; mas na tenaz tentativa de que seja apresentado de acordo com o "espírito desta era", desconsideramos a supremacia do "Espírito de Deus". E o método do discurso logo se impõe nesse assunto. Não há como manter por muito tempo a verdade no púlpito depois que perdemos ali "o Espírito da verdade". Vinet diz: "Aquele que não possui a totalidade da vida também não possui a verdade por completo".

Em tudo que dissemos, não estamos desconsiderando o elemento humano na pregação, nem subestimando o estudo e o treinamento mental santificado como preparação desse nobre ofício. Estamos unicamente destacando o extremo perigo de considerar como principal aquilo que Deus fez inferior. Assim como é a genialidade que destaca o grande pintor ou poeta muito acima do homem comum, assim é o Espírito Santo quem ergue o pregador muito acima do homem extremamente capacitado.

Certa vez, um artista muito talentoso respondeu com sabedoria a uma pergunta que lhe foi feita levando em conta apenas as ferramentas da sua profissão: "Com o que você mistura as suas tintas?". "Com inteligência, senhor", respondeu ele. O pregador que levou com um só sermão três mil pessoas à fé no Cristo crucificado respondeu por antecipação a pergunta daqueles que, reparando apenas na elaboração humana do seu sermão, talvez perguntem qual foi o segredo do seu poder. Ele revela o segredo numa simples e curta frase: "... pelo Espírito Santo enviado do céu" (1 Pe 1.12).

(2) A oração é um dos elementos mais vitais da adoração na Igreja de Deus. "Senhor, ensina-nos a orar como também João ensinou aos seus discípulos" (Lc 11.1). Jesus satisfez literalmente esse pedido dos Seus discípulos. Assim como João, sob a lei, podia somente dar regras e noções, por não haver ainda chegado a dispensação da graça e do Espírito, Jesus lhes deu um modelo de oração, uma lição sobre a "técnica de adoração".

Mas é somente quando chega à noite anterior à Sua morte, quando anuncia a chegada do Consolador, que Ele introduz os discípulos ao coração e ao mistério do grande assunto, ensinando-os a orar como João *não podia* ter ensinado aos seus discípulos. "Até agora nada tendes pedido em meu nome", disse Jesus em Seu discurso pascal. Mas agora que Ele estava prestes a começar o Seu ofício mediador à direita de Deus e a enviar o Consolador para os Seus discípulos, Ele podia conceder esse alegre privilégio: "... se pedirdes alguma coisa ao Pai, ele vo-la concederá *em meu nome*"[47] (Jo 16.23). Essa expressão equivale a dizer *"em mim"*. É evidente que não significa usar o nome de Jesus como uma senha ou como amuleto, mas é estar n'Ele e adequar-se à vontade d'Ele; de forma que quando oramos será como se o próprio Jesus estivesse na presença de Deus intercedendo. Nem é "como se" — é o próprio fato. Somos identificados com Cristo por meio do Espírito que foi enviado, e a Sua vontade é forjada dentro de nós pelo Espírito Santo, de tal forma que pedir a Ele aquilo que desejamos é pedir aquilo que Ele deseja para nós. Ficamos cheios da Sua vontade porque somos inspirados pelo Seu Espírito, que vive e sussurra dentro de nós.

É por isso que podemos saber que somos sempre ouvidos, uma vez que estamos n'Aquele que pode dizer com toda ousadia ao Pai: "Eu bem sei que sempre me ouves". É a mediação de Cristo para com o Pai, e a mediação do Espírito Santo para conosco, que nos dá o alto privilégio de orar em nome de Jesus, como está escrito: "... porque, por ele, ambos temos acesso ao Pai *em um Espírito*" (Ef 2.18).

Por isso, quando lemos nas epístolas, onde a doutrina é exposta mais plenamente, "com toda oração e súplica, orando em todo tempo no Espírito" (Ef 6.18) e "orando no Espírito Santo" (Jd 20), entendemos que essas são simplesmente admoestações para usar o privilégio de pedir em nome de Jesus. Pois estar no Espírito é estar em Cristo, unido à Sua pessoa, identificado com a Sua vontade, revestido da Sua justiça, de forma que estamos diante do Pai como se fosse o próprio Senhor Jesus.

Em Romanos 8, onde encontramos a mais completa exposição da doutrina do Espírito, vemos claramente que o ministério

---

[47] "Enquanto o Senhor Jesus não tinha sido glorificado, era impossível orar ao Pai em nome d'Ele. A possibilidade de fazê-lo é um privilégio peculiar à dispensação do Espírito Santo" (Alford).

do Consolador consiste em operar em nós aquilo que Cristo realiza por nós no trono. Isso é especialmente verdade com respeito à oração. Na Epístola aos Hebreus lemos: "Por isso, também pode salvar totalmente os que por ele se chegam a Deus, *vivendo sempre para interceder por eles*" (Hb 7.25). Na Epístola aos Romanos lemos: "Também o Espírito, semelhantemente, nos assiste em nossa fraqueza; porque não sabemos orar como convém, *mas o mesmo Espírito intercede por nós sobremaneira*, com gemidos inexprimíveis. E aquele que sonda os corações sabe qual é a mente do Espírito, porque segundo a vontade de Deus é que ele intercede pelos santos" (Rm 8.26-27).

Essas passagens, lidas em conjunto, claramente mostram o Espírito fazendo em nós a mesma coisa que Cristo está fazendo no céu por nós. E, além disso, elas nos revelam o método usado pelo Cristo glorificado para ajudar aqueles que não sabem como orar quando devem orar, ensinando-os não por meio de um método exterior, mas pela direção interior. De fato, a oração inspirada pelo Espírito Santo muitas vezes é tão profunda que não pode ser expressa em palavras comuns, mas chegam aos ouvidos do Pai unicamente em suspiros sem palavras, em gemidos inexprimíveis.

A tônica de toda intercessão verdadeira é a vontade de Deus. Na oração dos discípulos, como o Senhor lhes ensinou, ouve-se distintamente essa nota: "Faça-se a tua vontade, assim na terra como no céu". Na oração que o Salvador fez no Getsêmani ouve-se outra vez essa nota, quando com forte clamor e lágrimas o Filho de Deus exclama: "... não seja como eu quero, e sim como tu queres" (Mt 26.39). E na revelação da doutrina da oração por meio de um apóstolo inspirado lemos: "se lhe pedirmos alguma coisa conforme a sua vontade, ele nos ouve" (1 Jo 5.14). A mais profunda obra do Espírito Santo no crente é harmonizar a sua mente a essa elevada nota, uma vez que "segundo a vontade de Deus é que ele intercede pelos santos" (Rm 8.27).

Há uma promessa que todos os discípulos gostam de citar quando querem segurança nas orações: "Em verdade também vos digo que, se dois dentre vós, sobre a terra, concordarem a respeito de qualquer coisa que, porventura, pedirem, ser-lhes-á concedida por meu Pai, que está nos céus" (Mt 18.19). A palavra traduzida como "concordarem" é muito significativa. É a palavra grega *sympsonesosin*, de onde vem nossa palavra "sinfonia". Se dois *estão de acordo* ou *estão em sinfonia* quanto ao que pedem, eles têm a promessa de que serão atendidos. Mas, da mesma forma que todas as notas de um órgão precisam estar ajustadas ao diapasão, senão se torna impossível a harmonia, assim também acontece com a oração. Não basta que dois discípulos concordem um com o outro; eles precisam estar em harmonia com a terceira Pessoa — o justo e santo Senhor — para que possam concordar em intercessão no verdadeiro sentido bíblico.

É possível haver concordância em assuntos inteiramente pecaminosos, em total discordância com a vontade de Deus, como se vê na pergunta de Pedro a Safira, esposa de Ananias: "Por que entrastes em acordo [*synepsonethe* – a mesma palavra] para tentar o Espírito do Senhor?" (At 5.9). Ali havia mútuo acordo, mas flagrante desacordo com o Espírito Santo. Ao contrário do que aconteceu nesse incidente, é o ministério do Espírito Santo harmonizar a nossa vontade com a de Deus; e é somente assim que se pode orar no Espírito.

Não é prudente e espiritual dar ênfase demasiada ao ministério do Espírito na direção da adoração na casa de Deus [normalmente isso sufoca a espontaneidade e responsabilidade dos crentes e facilita o misticismo[48]]. Ao contrário, usar formas litúrgicas é recair no legalismo, é consentir em ser ensinado a orar "como João ensinou aos seus discípulos".

É verdade que pode haver formas improvisadas bem como formas escritas, orações decoradas bem como orações lidas num livro. A esses hábitos nós contrapomos o mais elevado ensino do Espírito, que é privilégio da atual dispensação, na qual o Pai procura adoradores que o adorem "em Espírito e em verdade". Orar de forma correta é a mais alta das realizações. E isso é assim porque o segredo se encontra entre estes dois opostos: um

---

[48] N. do E.

espírito intensamente ativo e ao mesmo tempo intensamente passivo (submisso); um coração que prevalece diante de Deus porque foi conquistado por Deus.

Vemos isso na oração de um grande santo: "Ó Senhor! Meu espírito, esta manhã, era como uma harpa, produzindo música diante de Ti, porque Tu primeiro afinaste o instrumento pelo Espírito Santo, e então escolheste o salmo de louvor que devia ser tocado nele". São extremamente solenes e sugestivas as palavras do Senhor Jesus: "... são estes que o Pai procura para seus adoradores" (Jo 4.23). Em meio a toda repetição de formas e monotonia das liturgias, quão intensamente o Altíssimo procura aquele que O adora em espírito, com um coração contrito diante d'Ele, com um espírito tão sensível às operações secretas do Espírito Santo que, quando os lábios falam, fazem-no expressando a oração eficaz que pode muito em seus efeitos!

Se alguém argumentar que aquilo que estamos dizendo é elevado demais para ser prático, talvez seja bom confirmar nossa posição com o testemunho da experiência. As coisas que dissemos não se referem especificamente às orações feitas no púlpito. O sacerdócio universal dos crentes, tão claramente ensinado pelas Escrituras, constitui a base da intercessão comum, pois "orar uns pelos outros" é a característica distintiva da dispensação do Espírito Santo. Por isso, a reunião de oração, da qual todo o corpo dos crentes participa, provavelmente se aproxime mais do padrão da adoração dos cristãos primitivos do que qualquer outra atividade que temos como Igreja.

Se aplicarmos o nosso princípio aqui, então qual é o método mais satisfatório? Será que o culto deve ser planejado de antemão, uma pessoa escolhida para orar, outra para exortar e durante o andamento da adoração alguém deve ser chamado para dirigir as orações e depois outro em seguida? Em resumo, deve-se planejar a reunião com antecedência e determinar como deve desenvolver-se, conforme se acha conveniente e oportuno? Alguém, depois de muitos anos de experiência, pode dar poderoso testemunho do valor de outro caminho — o caminho de exaltar o ministério do Espírito Santo como o condutor da reunião, e dessa forma restringir a pressão humana na assembleia, para que o Espírito tenha a mais alta liberdade de mover um para orar e outro para dar testemunho, este para cantar e aquele para dizer "amém depois da tua ação de graças", conforme a Sua própria soberana vontade.

Aqui não estamos falando de teoria, mas de forma prática, experimental. O fervor e a espiritualidade e a doce naturalidade deste último "método" tem se mostrado muito mais do que uma possibilidade, e isso depois de prolongadas tentativas em ambos os caminhos, o primeiro sendo trilhado por desconhecer caminho melhor, em constante esforço e inquietação e aflição, e este último com indizível calma, conforto e refrigério espiritual.

Honremos o Espírito Santo como o Senhor da assembleia; apliquemo-nos para conhecer o segredo da entrega a Ele; cultivemos um ouvido pronto para ouvir a Sua voz interior e uma língua pronta para dar o Seu testemunho audível; sejamos submissos para guardar silêncio quando Ele proíbe, bem como para falar quando Ele ordena, e aprenderemos quão melhor é o caminho de Deus do que o caminho do homem, ao conduzir a adoração da Sua casa[49].

(3) A ministração da música na casa do Senhor é outro elemento da adoração cuja relação com o Espírito necessita de grande ênfase. O cântico espiritual tem um lugar divinamente designado na Igreja de Cristo. A "música de igreja", no sentido comum dessa expressão, como é uma invenção humana, não tem esse lugar, mas infelizmente pela constante prática recebeu a condição de ordenança, como tantas outras. Muitas vezes citamos a exortação do apóstolo — "Enchei-vos do Espírito" —

---

[49] Seríamos muito beneficiados se prestássemos mais atenção à voz da história cristã em questões como esta. É muito sugestivo o surgimento de "seitas esporádicas" como os "Quietistas", os "Místicos", os "Amigos" e os "Irmãos", que dão ênfase à "voz tranquila" e à "direção interior". Se nós não avançamos tanto quanto alguns desses avançam na insistência de falar apenas quando são movidos de maneira perceptível pelo Espírito, talvez precisemos ser admoestados quanto à forma rígida, artificial e humana de adoração, que tornou necessário o seu protesto.

sem perceber o assunto prático a que esse enchimento está ligado: "... falando entre vós com salmos, entoando e louvando de coração ao Senhor com hinos e cânticos espirituais" (Ef 5.19).

Assim como a oração está ligada ao Espírito Santo nesta mesma epístola: "Orando em todo tempo *no Espírito*"; e nossa edificação na igreja: "... vós juntamente estais sendo edificados para habitação de Deus *no Espírito*" (Ef 2.22); e o nosso fortalecimento: "... sejais fortalecidos com poder, *mediante o seu Espírito* no homem interior" (Ef 3.16); e nossa aproximação a Deus: "... temos acesso ao Pai *em um Espírito*" (Ef 2.18), assim também aqui (Ef 5.18-19) a ministração do louvor está ligada ao Espírito Santo e depende do Seu poder. Por essa razão, parece que é óbvio demais para precisar de argumentação que uma pessoa não regenerada não tem qualificação para ministrar os cânticos na casa de Deus. De acordo com as Escrituras, isso é incontestável, assim como o comprova também a experiência. Desconhecemos outro costume que tenha trazido mais severa influência maligna à vida da Igreja, ou que tenha gerado tanta falta de poder, do que o hábito tão popular de inserir pessoas não convertidas e não santificadas e às vezes pessoas mundanamente famosas nos coros das igrejas.

O texto bíblico que citamos é conclusivo, não apenas contra esse tipo de cantores nos coros, mas contra os próprios coros, se por esse termo queremos definir aqueles que se empenham em produzir música para deleite da congregação. Repare como é claro o caráter congregacional do cântico cristão aqui expresso: "... falando *entre vós* com salmos... com hinos e cânticos espirituais". A característica da adoração da Igreja, que a distingue radical e totalmente da adoração do templo judeu, é que ela é recíproca. Sob a lei havia sacerdotes e levitas que ministravam e havia o povo a quem eles ministravam; sob o Evangelho há um sacerdócio espiritual universal, no qual todos ministram e todos recebem ministração.

Cada instância da reunião da Igreja cristã é descrita dessa forma. É preciso haver oração, e a exortação é: "Orai *uns pelos outros*" (Tg 5.16). É preciso haver confissão, e a regra é:

"Confessai, pois, os vossos pecados *uns aos outros*" (Tg 5.16). É preciso haver exortação, e a ordem é: "... exortai-vos *mutuamente*" (Hb 3.13). É preciso haver amor, e a orientação é: "... amai-vos, de coração, *uns aos outros* ardentemente" (1 Pe 1.22). É preciso levar as cargas, e a exortação é: "Levai as cargas *uns dos outros*" (Gl 6.2). É preciso confortar, e a ordem é: "Consolai-vos, pois, *uns aos outros*" (1 Ts 4.18).

Assim também é com a adoração por meio dos cânticos. Seu caráter recíproco é destacado, não apenas na passagem já citada, mas também na Epístola aos Colossenses: "... instruí-vos e aconselhai-vos *mutuamente* em toda a sabedoria, louvando a Deus, com salmos, e hinos, e cânticos espirituais" (Cl 3.16). Isso está de acordo com o "método" do Espírito Santo, claramente estabelecido nesta dispensação. Ele estabelece nossa comunhão com o Cabeça da Igreja, e por meio d'Ele nossa comunhão uns com os outros. Toda bênção no corpo é recíproca, e a adoração ordenada para manter e incrementar essa bênção também é recíproca.

Uma vez que o Espírito é o inspirador e aquele que conduz a adoração da Igreja de Deus, Ele usa como instrumentos, por meio dos quais atua, somente aqueles que foram renovados e são habitação d'Ele. Todos os demais são desqualificados para isso, conforme o claro e inequívoco ensino das Escrituras. Isso é claramente apresentado nos tipos e símbolos da antiga dispensação.

No livro do Êxodo a unção santa prescrita a Arão e seus filhos é, sem dúvida, um tipo da unção do Espírito Santo. E repare as firmes e santas restrições do seu uso: "Também ungirás Arão e seus filhos e os consagrarás para que me oficiem como sacerdotes. Dirás aos filhos de Israel: Este me será o óleo sagrado da unção nas vossas gerações. Não se ungirá com ele o corpo do homem que não seja sacerdote, nem fareis outro semelhante, da mesma composição; é santo e será santo para vós outros. Qualquer que compuser óleo igual a este ou dele puser sobre um estranho será eliminado do seu povo" (Êx 30.30-33).

A respeito dessas orientações tão detalhadas dos procedimentos ordenados podemos dizer sem dúvida que "foram escritas para advertência nossa, de nós outros sobre quem os fins dos séculos têm chegado" (1 Co 10.11). As três severas proibições mencionadas tratam exatamente dos erros que são mais característicos da presente geração. *"Não se ungirá com ele o corpo do homem que não seja sacerdote* (Não se ungirá com ele a carne do homem – ARC)" — dando honra ao homem natural e elevando a natureza humana ao lugar que pertence unicamente ao regenerado. Esse é o erro dos que creem na filiação universal da raça humana e chamam divino aquilo que é carnal. *"Qualquer que... dele puser sobre um estranho."* Esse é o pecado dos que confiam ao ministério e às ocupações da Igreja pessoas que jamais foram feitas participantes da família de Deus por meio do novo nascimento operado pelo Espírito Santo, pessoas que não pertencem à família da fé. *"Qualquer que compuser óleo igual a este."* Essa é a imitação artificial dos ofícios e da ministração do Espírito. Que o leitor cristão pare um pouco e pense a respeito dessa última proibição.

Na história da Igreja primitiva foram-nos dados exemplos de pecados, bem como ilustrações de bons exemplos para nossa emulação. Um desses pecados, tão sutil, tão perigoso e tão frequente e recorrente na história cristã, recebeu o nome do seu primeiro autor — é chamado "simonia[50]" — e passou de uma geração a outra. "... pois julgaste adquirir, por meio dele [do dinheiro], o dom de Deus" é a solene acusação contra aquele que tentou comprar o poder do Espírito Santo. Há muitos que desejam os dons do Espírito Santo, mas que pouco se importam com o próprio Espírito Santo.

A música religiosa gera muita cobiça. Por que não comprar esse luxo espiritual se o dinheiro não nos falta? Tragam os cantores e as cantoras profissionais; peçam-lhes que componham músicas para o "santuário", as quais atrairão à igreja aqueles que não puderam ser atraídos pela simples atração da cruz. Mas qual é a exortação das Escrituras? "Por meio de Jesus, pois, ofereçamos a Deus, sempre, sacrifício de louvor,

---

[50] Por referência a Simão, o mágico, em Atos 8.9-24 (N. do T.).

que é o fruto de lábios que confessam o seu nome" (Hb 13.15). Esse tipo de sacrifício custa muito: oração fervorosa, comunhão profunda e o enchimento do Espírito. Nenhuma quantidade de ouro, por maior que seja, é suficiente para comprá-lo, nem pode a arte musical, por mais genial que seja, imitar esse sacrifício.

Não estarão se aproximando do pecado da simonia as igrejas que todo ano gastam milhares de reais com a música meramente artística? E essa tentativa de comprar o Espírito Santo não está intimamente ligada com o pecado de roubar a Deus, se considerarmos como os gastos com essa adoração artificial quase sempre acompanham as parcas doações feitas para o cumprimento da Grande Comissão[51]?

Nossa conclusão é que a ministração dos cânticos foi conferida à igreja, e somente a ela, sob a direção do Espírito Santo. Alguns dos seus membros podem ser destacados para dirigir essa ministração, se estiveram sob a liderança do Espírito. Mas a igreja não pode passar esse ministério divino às mãos de cantores assalariados não santificados, sem que com isso afronte o Espírito de Deus e ponha em perigo a sua própria comunhão com Deus.

Se novamente alguém argumentar que estamos apresentando um ideal exagerado e impossível, ouçamos como prova a voz da experiência. Peçamos a líderes que testifiquem o incremento da bênção e do fervor que houve em suas reuniões quando se aproximaram desse ideal.

Veja a história repetir-se: em tempos de apostasia, a música fica restrita a um pequeno grupo monopolizador da adoração; então, em épocas de reavivamento, ocorre a queda dessas barreiras e o povo de Deus se apossa outra vez da herança de que foi defraudado, e a grande multidão irrompe em "aleluias de todo o coração". Os registros dos lolardos, dos luteranos, dos wesleianos e dos salvacionistas são testemunhas unânimes desse fato e são profundamente instrutivos.

---

[51] Mateus 28.18-20 (N. do E.).

3. O Espírito Santo nas missões da Igreja

Nos Evangelhos, que contêm a história da vida terrena de Cristo, encontramos o registro da Grande Comissão: "Ide, portanto, fazei discípulos de todas as nações..." (Mt 28.19). No livro dos Atos dos Apóstolos, que registra a história da vida do Espírito na Igreja, encontramos a promessa da vinda do Executor dessa Comissão: "... mas recebereis poder, ao descer sobre vós o Espírito Santo, e sereis minhas testemunhas tanto em Jerusalém como em toda a Judeia e Samaria e até aos confins da terra" (At 1.8). Em nenhum outro lugar se vê tão distintamente a mão do Espírito na origem e superintendência das missões.

O campo é o mundo, o semeador é o discípulo e a semente é a Palavra. O mundo só pode ser alcançado por meio do Espírito — "Quando ele vier, convencerá o mundo do pecado..." (Jo 16.8); o semeador recebe poder unicamente pelo Espírito — "... recebereis poder, ao descer sobre vós o Espírito Santo..." (At 1.8); e a semente só é produtiva pela vivificação do Espírito — "... o que semeia para o Espírito do Espírito colherá vida eterna" (Gl 6.8). Na história das missões primitivas, como está registrado em Atos 13, vemos como cada passo da tarefa se originou e foi dirigida pelo Espírito Santo. Observamos o seguinte:

(1) A seleção dos missionários: "... *disse o Espírito Santo:* Separai-me, agora, Barnabé e Saulo para a obra a que os tenho chamado" (13.2).

(2) O envio deles ao campo: "Enviados, pois, *pelo Espírito Santo,* desceram a Selêucia..." (13.4).

(3) A capacitação para falar: "... Paulo, *cheio do Espírito Santo,* fixando nele os olhos, disse..." (13.9).

(4) O conforto na perseguição: "Os discípulos, porém, transbordavam de alegria e do *Espírito Santo*" (13.52).

(5) A colocação do selo de Deus sobre o ministério deles entre os gentios: "Ora, Deus, que conhece os corações, lhes deu testemunho, *concedendo o Espírito Santo a eles,* como também a nós nos concedera" (15.8).

(6) A deliberação em assuntos difíceis relacionados aos assuntos das missões: "Pois pareceu bem *ao Espírito Santo* e a nós..." (15.28).

(7) O Espírito proibiu os missionários de entrar em determinados campos: "E, percorrendo a região frígio-gálata, tendo sido impedidos *pelo Espírito Santo* de pregar a palavra na Ásia, defrontando Mísia, tentavam ir para Bitínia, mas *o Espírito de Jesus* não o permitiu" (16.6-7).

É impressionante o registro da direção sempre presente, infalível e minuciosa do Espírito Santo em todos os passos dessa tarefa divinamente ordenada. Alguém pode dizer que isso foi nos tempos apostólicos. Sim, mas a promessa referente ao Espírito é que Ele estaria conosco "para sempre". Até a consumação dos séculos Ele estará aqui, exercendo Seu ministério, empenhado na responsabilidade de executar a preciosa obra do nosso Senhor glorificado.

Quem pode dizer que em nossos dias não se faz necessário um retorno aos princípios primitivos e uma restauração dos primitivos dons da Igreja? A única restrição do Espírito Santo se encontra em nós; não há restrição nenhuma n'Ele mesmo. Se a Igreja tivesse fé para apoiar-se menos na sabedoria humana, para confiar menos em métodos, mesmo que sejam sábios, para ministrar menos baseada em regras mecânicas e para reconhecer uma vez mais o grande fato que, sendo-lhe confiada uma obra sobrenatural, ela tem à disposição um poder sobrenatural, quem poderia duvidar que nossa maquinaria missionária — ruidosamente emperrada e movendo-se com dificuldade — poderia ser amplamente reduzida e se tornar bem mais visível a manifestação do Espírito?

8

A Inspiração do Espírito

> *Você já visitou a Catedral de Freiburg? Já ouviu aquele exímio organista, que arranca lágrimas dos olhos dos ouvintes, enquanto dedilha suas maravilhosas notas, fazendo você ouvir a marcha de exércitos na praia, ou o cântico de oração no lago durante a tempestade, ou as vozes de louvor quando chega a calmaria? Bem, é dessa forma que o Deus Eterno envolve num relance o teclado de sessenta séculos, tocando alternadamente, com os dedos do Seu Espírito, as notas que Ele escolheu para a unidade do Seu hino celestial. Ele põe a mão esquerda sobre Enoque, o sétimo depois de Adão, e a mão direita Ele põe sobre João, o humilde e nobre prisioneiro de Patmos. Do primeiro, ouve-se a melodia "Eis que veio o Senhor entre suas santas miríades"; do outro: "Eis que vem com as nuvens". E entre as notas desse hino de três mil anos está a eterna harmonia, e os anjos se inclinam para ouvir, os eleitos de Deus são tocados, e a vida eterna desce até as almas dos homens.*
>
> Theopneustia, de Louis Gaussen.

Inspiração significa inalação. Tanto o escriba quanto a Escritura, tanto o homem de Deus quanto a Palavra de Deus são divinamente inspirados. Na memorável reunião do Senhor ressuscitado com Seus discípulos na casa com as portas trancadas, lemos que Ele "*soprou sobre eles* e disse-lhes: Recebei o Espírito Santo. Se de alguns perdoardes os pecados, são-lhes perdoados; se lhos retiverdes, são retidos" (Jo 20.22-23). Bem poderia a pergunta dos escribas a respeito de Jesus surgir em nosso coração com respeito aos discípulos: "Quem pode perdoar pecados senão unicamente Deus?". E a resposta deve ser: "De fato; somente Deus pode perdoar pecados. E é somente porque o Espírito de Deus, que é Deus, está nos apóstolos, concedendo-lhes as Suas prerrogativas divinas, que eles são capazes de exercer essa grande autoridade".

Contudo, estamos persuadidos de que essa comissão não foi dada a todos os cristãos, embora todos tenham o Espírito. Olshausen, em seu Comentário, trata apropriadamente esse assunto: "Aos apóstolos foi concedido o poder, absoluto e incondicional, de atar e desatar, da mesma forma que a eles foi concedido o poder de anunciar a verdade sem nenhum erro. Pois *para essas duas tarefas* eles possuíam dons espirituais miraculosos". A única correção que deveríamos fazer é em vez de dons "miraculosos" dizer dons "soberanos".

Jesus disse: "O Espírito sopra onde quer, ouves a sua voz"[52]. Embora os dons miraculosos não tenham sido restritos apenas aos apóstolos, é provável que Cristo tenha confiado somente a eles a soberana prerrogativa de perdoar pecados. Por outro lado, dons de cura, operação de milagres, profecia, discernimento de espíritos e línguas foram distribuídos entre a Igreja, "mas um só

---

[52] João 3.8: "O vento sopra onde quer". Sem querermos ser dogmáticos, é importante dizer que a tradução de Bengel e algumas outras — "O *Espírito* sopra onde quer, e ouves a sua voz" — têm argumentos quase irresistíveis a seu favor. Por exemplo, se *to pneuma* aqui é traduzido como *vento*, essa palavra tem um sentido na primeira parte da frase e outro sentido na segunda parte; e ela não tem esse sentido em nenhuma das mais de duzentas e setenta vezes em que aparece no Novo Testamento. Não é a palavra usada em Atos 2.2, como seria de esperar se ela tivesse o sentido de *vento*. E depois, parece estranho atribuir volição ao vento — *thelei* (querer). Pelo contrário, se as palavras se aplicam ao Espírito, isso está em plena harmonia com as demais Escrituras, que afirmam a soberania do Espírito Santo na regeneração (Jo 1.13) e no controle e direção daqueles que provam o novo nascimento (1 Co 12.4-11).

e o mesmo Espírito realiza todas estas coisas, distribuindo-as, como lhe apraz, a cada um, individualmente" (1 Co 12.11).

Em resumo, a ação do Espírito Santo era totalmente soberana na atribuição de ofícios, e quando Jesus soprou-O sobre os Seus apóstolos e lhes concedeu autoridade para perdoar pecados, Ele lhes concedeu uma prerrogativa que possivelmente não dizia respeito aos demais, embora fossem também habitação do mesmo Espírito.

É senso comum considerar que a ordem dos apóstolos cessou com a morte daqueles que viram o Senhor e estiveram com Ele até o dia em que foi assunto ao céu. Mas a razão por que cessou tem sido pouco levada em consideração. Teriam porventura os apóstolos e seus companheiros sido comissionados para falar pelo Senhor até que as Escrituras do Novo Testamento — a Sua voz autorizada — estivessem completas? Se for assim, temos no apostolado uma inspiração temporária; no Evangelho, um estereótipo da inspiração; o primeiro dotado de autoridade *ad interim* para perdoar pecados, e o segundo com a autoridade *in perpetuam*[53].

O Novo Testamento, como o genuíno porta-voz do Senhor, anuncia o perdão a todos aqueles que, em qualquer tempo, se arrependem de fato e creem no Filho de Deus; e os pregadores de todos os tempos, com a Bíblia na mão, estão autorizados a fazer essa mesma declaração. Em resposta aos escritores católicos, os quais argumentam que essa infalibilidade para ensinar e a autoridade para absolver, conferida aos apóstolos, foi passada por sucessão aos ministros do clero, parece-nos importante reafirmar que essa autoridade não se perpetuou em nenhum outro grupo de homens à parte daqueles que são mencionados nas Escrituras; ela foi concedida aos do Novo Testamento e ali permanece para todo o sempre. De qualquer forma, historicamente se pode observar o fato de que os apóstolos e profetas da nova

---

[53] *Ad interim* = temporariamente, provisoriamente. *In perpetuam* = para sempre, perpetuamente (N. do T.).

dispensação desapareceram⁵⁴, ficando os Evangelhos e as Epístolas em lugar deles, e daí em diante a divina voz de autoridade do Espírito pode ser claramente reconhecida unicamente pela Palavra escrita. Assim como o carvão tem sido chamado de "luz solar fóssil", o Novo Testamento pode ser chamado de "inspiração fóssil", ou seja, a iluminação sobrenatural que sobreveio aos apóstolos acumulada e estocada para o uso da Igreja no decorrer das eras⁵⁵.

"Toda a Escritura é inspirada por Deus e útil para o ensino, para a repreensão, para a correção, para a educação na justiça" (2 Tm 3.16). Assim como o Senhor soprou o Espírito em certos homens, e com isso lhes concedeu a Sua prerrogativa de perdoar pecados, Ele soprou o Seu Espírito em certos livros e os

---

⁵⁴ Deus é o Arquiteto e Construtor celestial. Ele desenhou Sua casa, e Paulo, em Seu nome, como apóstolo arquiteto, pôs o Fundamento (1 Co 3). A Fé foi dada uma vez para sempre aos apóstolos do primeiro século, e o cânon do Novo Testamento, através deles, foi encerrado (Judas 3). Os apóstolos e profetas que vieram depois, mencionados em Efésios 4, são "arquitetos" que interpretam Paulo e reconhecem o Fundamento; eles são, com o corpo, os edificadores da casa. Assim, há outros apóstolos e profetas, pois uma das características deles é a revelação do mistério de Cristo e do Seu corpo. No entanto, temos de diferenciar as prerrogativas dos apóstolos e profetas da primeira geração com as dos posteriores. Os primeiros foram os instrumentos usados por Deus para estabelecer Seu desenho. Assim, os movimentos e palavras deles eram o modelo para sempre. Hoje, não podemos ter modelo diferente do inicial. Não se pode estabelecer "autoridades" modernas acima deles. Não se pode dizer nada, acrescentar nada nem fazer nada além da Fé entregue para sempre aos obreiros da primeira geração. O trabalho dos posteriores deve submeter-se à Fé deles e deve crescer nela. Somente por aquela Fé podem ser restaurados o ministério e a Igreja (adaptado do livreto "Introdução para uma Boa Disposição", de Gino Iafrancesco, publicado pela CCC Edições em 1996) (N. do E.).

⁵⁵ A prova de que a inspiração dos apóstolos e escritores do Novo Testamento não foi transmitida aos seus sucessores é expressa da seguinte forma por Neander: "Um fenômeno singular é a impressionante diferença que existe entre os escritos dos apóstolos e os escritos dos pais apostólicos, embora fossem praticamente contemporâneos. Em outros casos, as transições são habitualmente graduais, mas neste caso observamos uma mudança súbita. Não existe uma lenta graduação aqui, mas ocorre uma abrupta transição de um estilo de linguagem para outro – um fenômeno que deveria nos levar a reconhecer o fato de uma interferência especial do Espírito de Deus na alma dos apóstolos e um novo elemento criativo naquele primeiro período" (*Church History* [História da Igreja], II, p. 405).

dotou com a Sua infalibilidade de ensinar a verdade. Deus não inspirou todos os bons livros, mas escolheu inspirar um livro, separando-o dessa forma e distinguindo-o de todos os outros livros[56]. A expressão "a Bíblia é mera literatura", usada como argumento contra a bibliolatria, não é verdade. Literatura é a letra; a Escritura é a letra inspirada pelo Espírito. Aquilo que Jesus disse para justificar a Sua doutrina do novo nascimento é igualmente aplicável à doutrina da inspiração: "O que é nascido da carne é carne; e o que é nascido do Espírito é espírito". Eduque, desenvolva e refina o homem natural até o mais alto grau, e ele ainda assim não será um homem espiritual; pelo novo nascimento, o Espírito Santo o renova e passa a habitar nele. Assim acontece também com a literatura; por mais alta que seja a sua forma, por mais sublimes que sejam as suas ideias, não é a Escritura. A Escritura é literatura habitada pelo Espírito de Deus.

A ausência do Espírito Santo de qualquer escrito é o abismo intransponível entre ele e a Sagrada Escritura. Quando nosso Senhor Se refere à Sua própria doutrina, usa essa mesma linguagem ao falar do novo homem, para distingui-la de qualquer outro ensino comum. Ele diz: "O espírito é o que vivifica; a carne para nada aproveita; as palavras que eu vos tenho dito são espírito e são vida" (Jo 6.63). Eram palavras e, nesse aspecto, literatura; mas eram palavras divinamente inspiradas e por isso eram a Escritura. Enfim, aquilo que faz da Palavra de Deus um livro único, separado de todos os outros escritos, é aquilo que também faz distinção entre o homem de Deus e o homem comum: a habitação do Espírito Santo. É por essa razão que podemos dizer com verdade a respeito da Bíblia que ela *foi* não meramente inspirada, mas que ela *é* inspirada; que o Espírito Santo ainda agora sopra nela, fazendo dela não apenas uma voz de autoridade quanto às doutrinas, mas também concedendo

---

[56] Temos as mais sólidas razões para rejeitar a tradução desta passagem da forma que o faz a Versão Revisada (em inglês, no que é seguida, em português, pela Versão Revista e Corrigida): "Toda Escritura divinamente inspirada é proveitosa para...".

vida por meio do seu conteúdo, de forma que aqueles que recebem as suas promessas pela fé foram "regenerados não de semente corruptível, mas de incorruptível, mediante a palavra de Deus, a qual vive e é permanente" (1 Pe 1.23).

Temos considerado neste livro, até agora, as variadas obras e ofícios do Paráclito. Agora estamos considerando que o Espírito Santo não apenas age, mas também fala. Ouçamos as repetidas afirmações desse fato. Por sete vezes o nosso Senhor glorificado diz no Apocalipse: "Quem tem ouvidos, ouça *o que o Espírito diz* às igrejas" (Ap 2.7). O Paráclito aqui na Terra responde ao Paráclito lá no céu, de forma que à voz vinda do céu — "Escreve: Bem-aventurados os mortos que, desde agora, morrem no Senhor" — ouve-se a resposta: *"Sim, diz o Espírito,* para que descansem das suas fadigas, pois as suas obras os acompanham" (Ap 14.13).

Isso está de acordo com o caráter geral das Escrituras quanto ao seu Autor. Quando se refere ao Antigo Testamento, Pedro diz: "Irmãos, convinha que se cumprisse *a Escritura que o Espírito Santo proferiu anteriormente por boca de Davi,* acerca de Judas, que foi o guia daqueles que prenderam Jesus..." (At 1.16). Nosso Senhor reconhece claramente a voz do Espírito na voz do salmista: "O próprio *Davi falou, pelo Espírito Santo..."* (Mc 12.36). E outra vez: *"O Espírito do SENHOR fala por meu intermédio,* e a sua palavra está na minha língua. Disse o Deus de Israel, a Rocha de Israel a mim me falou..." (2 Sm 23.2-3) e: "Assim, pois, *como diz o Espírito Santo:* Hoje, se ouvirdes a sua voz..." (Hb 3.7).

E o que se pode dizer? A linguagem não serve para expressar os pensamentos? A diferença entre pensar e dizer são simplesmente as palavras. Por isso, se o Espírito Santo *"diz",* haveremos de encontrar nas *palavras* das Escrituras o exato sentido daquilo que Ele diz. Consequentemente, a inspiração verbal se apresenta como absolutamente essencial para nos comunicar o perfeito pensamento de Deus. E embora muitos considerem ridícula a ideia, como mecânica e desprezível, a conduta e o método utilizado pelos acadêmicos de todas as crenças mostram o quanto ela é aceita.

Por que, então, o minucioso e contínuo estudo das *palavras* das Escrituras por parte de todos os expositores, a sua incansável busca das nuanças do sentido de cada palavra e a sua atenção aos mínimos detalhes da linguagem e às sutis diferenças existentes em cada modo, tempo e acento? Os acadêmicos que falam de modo inconsequente sobre a teoria da inspiração literal das Escrituras são os que, pelo seu próprio método de estudo e exegese, ratificam de maneira mais categórica a doutrina que negam. E depois não devemos esquecer o que pretendemos dizer quando afirmamos que a linguagem é a expressão do pensamento. As palavras estabelecem a amplitude e a forma das ideias. Assim como a moeda corresponde exatamente ao molde onde foi estampada, o pensamento corresponde à palavra por meio da qual foi enunciado. Modifique a linguagem, por pouco que seja, e com isso você modificará o pensamento.

Da mesma forma que o ultraespiritualismo interpreta as palavras de Paulo "um corpo espiritual" como se significasse um fantasma, quando na verdade a ênfase está tanto em *soma* como em *pneumatichon*, significando evidentemente *um corpo espiritual*, assim também algumas pessoas, quando interpretam a expressão "a letra mata", adulteram as Escrituras, dizendo-nos que a coisa principal é o pensamento de Deus e que a linguagem é totalmente secundária. Mas Lutero sabiamente nos lembra que "Cristo não disse a respeito do Seu Espírito, mas a respeito das Suas *palavras,* que elas são espírito e são vida".

Negar que é o Espírito Santo quem fala nas Escrituras é um posicionamento compreensível; mas se admitirmos que *Ele fala,* só poderemos entender os Seus pensamentos se ouvirmos as Suas palavras. É verdade que Ele pode gerar em nós sentimentos profundos demais para serem expressos, como quando "o mesmo Espírito intercede por nós sobremaneira, com gemidos inexprimíveis" (Rm 8.26). Mas a ideia que realmente é compreensível é a que se expressa por meio da fala. Para as mentes finitas, pelo menos, as palavras é que são os meios que tornam compreensíveis os pensamentos. É evidente que Jesus reivindica para o Seu ensino não apenas inspiração, mas inspiração verbal, quando Ele diz que as Suas *palavras* são "espírito e vida".

Esse também é o parecer de Paulo, ao falar da inspiração do Espírito Santo: "Mas Deus no-lo revelou pelo Espírito; porque o Espírito a todas as coisas perscruta, até mesmo as profundezas de Deus. Porque qual dos homens sabe as coisas do homem, senão o seu próprio espírito, que nele está? Assim, também as coisas de Deus, ninguém as conhece, senão o Espírito de Deus. Ora, nós não temos recebido o espírito do mundo, e sim o Espírito que vem de Deus, para que conheçamos o que por Deus nos foi dado gratuitamente. Disto também falamos, *não em palavras ensinadas pela sabedoria humana, mas ensinadas pelo Espírito,* conferindo coisas espirituais com espirituais" (1 Co 2.10-13).

O que dizer daqueles que afirmam que essa teoria torna a inspiração puramente mecânica, fazendo dos escritores humanos das Escrituras meros estenógrafos, cuja função é apenas transcrever as palavras do Espírito, à medida que são ditadas? É preciso admitir que as Escrituras dão larga margem para apoiar essa ideia. Considere-se o caso de um estudante que transcreveu a palestra de um eminente filósofo e agora estuda com diligência para entender o sentido daquilo que foi dito e que ele escreveu. Temos de entender que ele foi um aluno e não um mestre; que ele não originou nem os pensamentos nem as palavras da palestra, mas foi um discípulo cuja ocupação era entender aquilo que ele mesmo transcreveu, para dessa forma ser capaz de comunicá-lo aos outros.

Não há como negar que é essa a exata figura do que encontramos nesta passagem das Escrituras: "Foi a respeito desta salvação que os profetas indagaram e inquiriram, os quais profetizaram acerca da graça a vós outros destinada, *investigando, atentamente, qual a ocasião ou quais as circunstâncias oportunas, indicadas pelo Espírito de Cristo, que neles estava, ao dar de antemão testemunho sobre os sofrimentos referentes a Cristo e sobre as glórias que os seguiriam"* (1 Pe 1.10-11).

Ali estavam os escritores inspirados, esforçando-se para compreender o sentido daquilo que eles mesmos tinham escrito. Se eram profetas com relação aos homens, eles com toda certeza eram alunos com relação a Deus. Feitas todas as concessões quanto às peculiaridades dos escritores, eles necessariamente foram relatores daquilo que ouviram, em vez de terem formulado aquilo que foram levados a compreender. Isso também é semelhante à atitude de Cristo — fez-se um ouvinte para tornar-se um mestre: "... tudo quanto ouvi de meu Pai vos tenho dado a conhecer" (Jo 15.15); fez-se um relator para tornar-Se um revelador: "... porque eu lhes tenho transmitido as palavras que me deste" (Jo 17.8).

Em nossos dias os eruditos são muito zelosos quanto ao elemento humano da inspiração, mas é o elemento soberano que mais impressiona aquele que estuda com cuidado esse assunto. "O Espírito sopra onde quer." Com respeito à regeneração pelo Espírito Santo, temos a expressa declaração de que isso ocorre não "da vontade da carne, *nem da vontade do homem,* mas de Deus" (Jo 1.13); e com respeito à inspiração do Espírito, o ensino é igualmente claro: "... porque nunca jamais qualquer profecia foi dada *por vontade humana;* entretanto, homens santos falaram da parte de Deus, movidos pelo Espírito Santo" (2 Pe 1.21).

O estilo das Escrituras apresenta, sem dúvida, as características pessoais e as idiossincrasias dos diversos escritores, assim como a luz dentro de uma catedral assume várias tonalidades quando passa pelos vitrais coloridos; mas dizer que os pensamentos da Bíblia são do Espírito e que a linguagem é dos homens cria um dualismo na revelação que não se justifica. Damos nosso pleno aval à citação de um eminente escritor a respeito desse assunto: "A opinião de que somente o assunto da Bíblia é que procede do Espírito Santo, enquanto a sua linguagem ficou a cargo da livre escolha dos diversos escritores, resulta num conceito irracional que é a grande falácia de muitas teorias da inspiração, ou seja: havia dois agentes espirituais em operação, um dos quais produziu a fraseologia da forma externa, enquanto o outro criou na alma os conceitos e pensamentos que essa fraseologia expressava. Pelo contrário, o Espírito Santo, como a eficaz *causa primária,* envolve toda a atividade daqueles que Ele inspira, fazendo da linguagem deles a *palavra de Deus*"[57].

Se alguém argumentar que as citações que o Novo Testamento faz do Antigo raramente são *ipsissima verba*[58], pelo contrário, em muitas ocasiões a linguagem é grandemente mudada, é preciso contra-argumentar mostrando igualmente quão importantes muitas vezes são essas alterações. Se foi o Espírito Santo quem dirigiu a escrita de ambos os livros, Ele tinha um direito soberano de alterar a fraseologia, se fosse necessário, de um livro para o outro.

Na opinião de muitos estudiosos[59], é intencional e inspirada a mudança de "Virá o Redentor *a* Sião e aos de Jacó que se converterem, diz o SENHOR" em Isaías 59.20 para "E, assim, todo o Israel será salvo, como está escrito: Virá *de* Sião o Libertador" em Romanos 11.26. Assim também a citação de Amós 9.11 – "Naquele dia, levantarei o tabernáculo caído de Davi" – mencionada em Atos 15.16 (ARC): "Depois disto, voltarei e reedificarei o tabernáculo de Davi, que está caído" — parece que a linguagem foi projetada para tornar claro o seu significado no cenário em que foi proferida. Poderíamos citar muitos outros exemplos em que o divino Autor das Escrituras remodelou as Suas próprias palavras. Por outro lado, a constante repetição das mesmas palavras e frases nos livros da Bíblia, por mais separados que estivessem no tempo e nas circunstâncias em que foram escritos, é forte indício de uma mesma fonte a expressar-Se por meio de uma variedade de caligrafias diferentes.

Não há dúvida de que a individualidade dos escritores foi preservada, só ela estava subordinada à soberana individualidade

---

[57] William Lee, em *Inspiration of the Holy Scripture* (A inspiração das Santas Escrituras), p. 32-33.

[58] *Ipsissima verba* = literalmente, com as mesmas palavras (N. do T.).

[59] Veja o *Commentary* (Comentário) de Lange, *in loco.*

do Espírito Santo. Com a palavra escrita ocorreu o mesmo que com a Palavra encarnada. Pelo fato de Cristo ser Deus, Ele é mais humano do que qualquer outro homem que o mundo jamais viu; e porque a Bíblia é sobrenatural, ela é natural como nenhum outro livro que jamais foi escrito; a sua divindade a eleva acima das falhas de estilo que são fruto da consciência própria e da ambição. Quer leiamos no Antigo Testamento a história do servo de Abraão procurando uma noiva para Isaque ou a narrativa encontrada no Novo Testamento do Cristo ressuscitado andando com os Seus discípulos até Emaús, a inimitável simplicidade de estilo nos faria pensar que estamos ouvindo a voz de anjos que jamais pecam em pensamento, e por isso não podem pecar em estilo, se não soubéssemos que essa é a fraseologia típica do Espírito Santo[60].

Um eminente teólogo alemão escreveu uma frase tão profundamente significante que a reproduzimos aqui: "Temos toda a razão de falar de uma linguagem do Espírito Santo. Isso porque salta aos nossos olhos na Bíblia como o divino Espírito, o agente da revelação, criou para Si mesmo um dialeto inteiramente peculiar, totalmente distinto do modo de falar das pessoas que fazem parte do cenário bíblico"[61]. Essa declaração parece tão verdadeira, que se nos afigura inteiramente impossível encontrar o exato sentido de muitos dos termos do Novo Testamento grego em dicionários do grego clássico. Embora a forma verbal de ambos seja igual, é possível que o espírito inspirado tenha dado novo significado a palavras antigas, que para utilizar um dicionário secular para traduzir oráculos sagrados é quase como pedir a uma pessoa não regenerada que interprete os mistérios da vida regenerada. Será que desconhecemos o fenômeno que ocorre com diversas palavras por causa do progresso e das descobertas, tanto que é preciso identificar-se com

---

[60] "O único estilo que me satisfaz é o das Escrituras. Nem o meu próprio estilo nem o estilo de nenhum outro homem podem me satisfazer. Eu preciso ler apenas três ou quatro versículos para me certificar de que foram inspirados por Deus, por causa do seu estilo inimitável. *É o estilo do palácio real*" (Oetinger).
[61] Rothe, (Dogmática), p. 238.

"o espírito da época" para conseguir compreendê-las⁶²? Dessa maneira, igualmente, mesmo no trabalho da crítica verbal, é essencial que se possua o espírito de Cristo para conseguir traduzir as palavras de Cristo.

A *"inerrância das Escrituras"*

Quanto à "inerrância das Escrituras", como se diz, preferimos desconsiderar argumentos menores, dando ênfase à grande razão que nos faz sustentar esse ponto de vista, ou seja: se é Deus o Espírito Santo quem fala nas Escrituras, então a Bíblia é a Palavra de Deus e, como Deus, ela é infalível. Recentemente, um brilhante escritor nos desafiou a mostrar-lhe onde a Bíblia mesma se chama de "a Palavra de Deus"⁶³. O mais simples estudioso do assunto pode facilmente, com o auxílio de uma concordância, indicar as passagens que fazem isso. Mas nós nos baseamos no fato de que ela não somente é chamada o *logos tou theon*, "a Palavra de Deus", mas também é chamada *ta logia tou theou*, "os oráculos de Deus". Esses nomes das Escrituras são muito significativos. Não temos necessidade de perguntar aos pagãos a respeito do sentido que eles percebem nas ordens recebidas dos seus deuses; deixemos que o emprego das Escrituras transmitam o seu próprio pensamento: "Qual é, pois, a vantagem do judeu? Ou qual a utilidade da circuncisão? Muita, sob todos os aspectos. Principalmente porque aos judeus foram confiados *os oráculos de Deus"*⁶⁴ (Rm 3.1-2).

---

⁶² Por exemplo, Shakespeare, Milton e Dryden empregam em seus escritos as palavras "carro", "motor" e "trem"; contudo, por terem vivido antes da descoberta do vapor e da estrada de ferro, eles nada sabiam do sentido que esses termos têm para nós. E é possível que Homero e Platão não conhecessem de forma alguma o sentido de palavras como *aion* (eras) e *parakletos* (consolador) da forma como são usadas na revelação de Jesus Cristo, o qual criou as eras e por quem foi enviado o Consolador.

⁶³ Dr. R. F. Horton, em *Verbum Dei* (Palavra de Deus).

⁶⁴ "Quando o apóstolo chama o Antigo Testamento de "oráculos de Deus", claramente reconhece que os livros que o compõem são divinamente inspirados. A igreja dos judeus recebeu o encargo de guardar esses oráculos até a chegada de Cristo. Agora, as Escrituras do Antigo e do Novo Testamento estão sob a tutela da Igreja cristã" (Dr. Philip Schaff).

Essa expressão abrangente é muito útil à nossa fé. Quando os críticos estão atacando cada detalhe dos livros do Antigo Testamento, o Espírito Santo autentica-os diante de nós em sua totalidade. Assim como Abigail orou pela vida de Davi, que fosse "atada no feixe dos que vivem com o SENHOR", aqui um dos apóstolos nos dá os livros da Lei, dos Profetas e dos Salmos atados no feixe da autoridade da inspiração divina.

Estêvão, de forma semelhante, fala da sua própria nação como quem "recebeu *oráculos de vida*" (At 7.38 — Tradução Brasileira), e Pedro diz: "Se alguém fala, fale de acordo com *os oráculos de Deus*" (1 Pe 4.11). E não somente isso; os mesmos apóstolos que se submeteram à autoridade do Antigo Testamento como aos oráculos de Deus alegavam escrever como os oráculos de Deus no Novo Testamento. Paulo diz: "Se alguém se considera profeta ou espiritual, reconheça ser *mandamento do Senhor* o que vos escrevo" (1 Co 14.37).

João, por sua vez, escreve: "... aquele que conhece a Deus nos ouve; aquele que não é da parte de Deus não nos ouve" (1 Jo 4.6). Essas afirmações são grandes demais para serem expressas com referência a escritos falíveis. Se admitirmos as suas premissas, os judeus estavam certos em acusar Jesus de blasfêmia, por dizer-Se igual a Deus. Se Cristo não é Deus, Ele não é nem mesmo um homem bom. E se as Escrituras não são infalíveis, elas são piores do que qualquer texto falível, pois, sendo mera literatura, fazem de si mesmas a Palavra de Deus.

E o que diremos se alguém alegar que existem contradições irreconciliáveis neste livro que a si mesmo chama de oráculos de Deus? Duas coisas precisam ser ditas: primeiro, é de esperar que, se usarmos o "método científico", esse tipo de contradições deve aparecer e constantemente aumentar. A Bíblia é uma planta sensível, que se fecha ao simples toque da investigação crítica. No mesmo parágrafo em que reivindica que as suas palavras são do Espírito Santo, ela repudia o método científico como inútil para entender essas palavras: "Nem olhos viram, nem ouvidos ouviram" — e insiste que o método espiritual é o único adequado — "Mas Deus no-lo revelou pelo Espírito" (1 Co 2.9-10).

A Bíblia não só não produz rosas para o crítico, mas produz os espinhos e abrolhos da desesperançada contradição. "Intellige ut credos verbum meum", dizia Agostinho aos racionalistas dos seus dias, "sed crede ut intelligas verbum Dei". "Entendam a minha palavra, para que vocês possam crer nela; creiam na Palavra de Deus, para que vocês possam entendê-la." A fé possui a chave não só de todos os credos, mas também de todas as contradições.

Aquele que começa e avança sob a convicção de que a Bíblia é a infalível Palavra de Deus verá as discrepâncias transformando-se constantemente em harmonias, à medida que avança em seus estudos. E esse comentário nos conduz à segunda reflexão: as contradições do homem podem na realidade ser as harmonias de Deus. Um ouvinte inculto, ao escutar uma composição musical de um dos grandes mestres, poderá detectar discordâncias repetidas na melodia; e na realidade aquilo que é chamado "acidentes" na música são discordâncias, mas são inseridas de propósito para salientar a harmonia. Dessa forma, à medida que as ditas discrepâncias das Escrituras, uma após a outra, depois de cuidadosamente identificadas e assimiladas pelo ouvido, vão se harmonizando, chegam ao nosso ouvido com especial ênfase e alegre harmonia nas palavras do salmista, que fala pelo Espírito Santo: "A lei do SENHOR é perfeita e restaura a alma; o testemunho do SENHOR é fiel e dá sabedoria aos símplices" (Sl 19.7).

Aos críticos parece haver um sério erro na afirmação de Estêvão, de que Jacó foi enterrado em Siquém (At 7.16) em vez de dizer que foi enterrado no campo de Macpela fronteiro a Manre, como está registrado em Gênesis 50.13, da mesma forma que se pensou que Lucas, em seu Evangelho, tivesse cometido um erro inexplicável quando se referiu a Quirino (Lc 2.1-2). Mas da mesma forma que essa última contradição se desfez, confirmando a veracidade das Escrituras quando se fez a investigação necessária, assim também haverá de acontecer com a primeira. E do mesmo modo com as alegadas discrepâncias existentes entre o registro num lugar de que o rei Salomão possuía quatro mil estábulos de cavalos, e em outro registro quarenta mil. Também a declaração de que o rei Josias começou a reinar aos oito anos de idade, e em outro aos dezoito. E daí? E se admitirmos livremente que não podemos harmonizar essas declarações? Isso não prova que elas não podem ser harmonizadas. A história das contradições que já foram harmonizadas com certeza já provou que "a estultícia de Deus é mais sábia que os homens, e a fraqueza de Deus é mais forte que os homens". Assim também as dissonâncias de Deus são mais harmônicas do que os homens.

Ao concluirmos este capítulo, devemos dizer que a maior prova da infalibilidade das Escrituras é a prática: nós já experimentamos que elas são infalíveis. Assim como a moeda do país sempre foi suficiente para comprar o equivalente ao valor nela estampado, as profecias e as promessas das Escrituras Sagradas produziram seu valor de face aos que se esforçaram para prová-las. Se nem sempre o fizeram, é provável que tenha sido por não estarem ainda maduros. Com certeza, há multidões de cristãos que já provaram de tal forma a veracidade das Escrituras, que estão prontos a confiar nelas sem reservas em tudo que prometem com referência ao mundo invisível e quanto à vida futura. "Crê para que possas conhecer", então, é a admoestação que tanto as Escrituras quanto a história reforçam.

Adolph Monod, um extraordinário santo, em suas palavras de despedida, afirmou: "Quando eu entrar no mundo invisível, não espero encontrar as coisas diferentes daquilo que a Palavra de Deus as apresenta para mim aqui. A voz que espero então ouvir será a mesma que ouço agora na Terra, e pretendo dizer: 'Isto é de fato o que Deus me disse; *e quão grato estou porque não esperei ver para só então crer'*".

9

A Convicção do Espírito

> *O Consolador, em todos os aspectos da Sua obra tripla, glorifica a Cristo. Quando convence do pecado, Ele nos convence do pecado de não crer em Cristo. Quando nos convence da justiça, Ele nos convence da justiça de Cristo, da justiça que se manifestou quando Cristo subiu ao Pai, e que Ele recebeu para conceder a todos os que cressem n'Ele. E por último, ao nos convencer do juízo, Ele nos convence que o príncipe deste mundo foi julgado na vida de Cristo e por meio da Sua morte. Em tudo isso, Cristo é glorificado; e tudo o que o Consolador nos mostra está relacionado em todos os aspectos à vida e à obra do encarnado Filho de Deus.*
>
> Julius Charles Hare

"Quando ele vier, *convencerá o mundo do pecado, da justiça e do juízo...*" (Jo 16.8). Algumas pessoas, baseadas nessas palavras, chegaram a uma conclusão ampla demais: dizem que, a partir do dia de Pentecostes, o Espírito foi derramado de forma universal em todo o mundo, tocando os corações em todos os lugares, entre cristãos e pagãos, entre os evangelizados e os não evangelizados igualmente, despertando neles uma consciência de pecado. Mas não são palavras de nosso Senhor nesse mesmo discurso, com respeito ao Consolador: "... o Espírito da verdade, *que o mundo não pode receber,* porque não o vê, nem o conhece" (Jo 14.17)? Devemos associar com estas palavras a limitação imposta por Jesus com respeito ao dom do Paráclito: "... se, porém, eu for, eu *vo-lo* enviarei".

Os discípulos de Cristo é que se tornariam os recipientes e os distribuidores do Espírito Santo, e a Sua Igreja seria mediadora entre o Espírito e o mundo. "Quando ele vier [a vós outros], convencerá o mundo". E para completar a explicação, podemos ligar essa promessa à Grande Comissão: "Ide *por todo o mundo* e pregai o evangelho a toda criatura" e concluir que quando o Senhor envia os Seus mensageiros ao mundo, o Espírito da verdade vai com eles, dando testemunho da verdade que eles anunciam, convencendo do pecado que eles reprovam e revelando a justiça que eles proclamam. Não temos clareza suficiente para dizer que a convicção do Espírito aqui prometido vai além dos lugares evangelizados pela Igreja, embora tenhamos todas as razões para crer que ela invariavelmente acompanha a fiel pregação da palavra.

Ser-nos-á útil, então, para uma clara concepção a respeito do assunto, considerarmos o Espírito da verdade como enviado *para a Igreja,* testificando *de Cristo* e trazendo convicção *ao mundo.*

Assim como é tripla a obra de Cristo – profeta, sacerdote e rei –, é tripla a convicção produzida pelo Espírito em relação a essa obra de Cristo: "Quando ele vier, convencerá o mundo do pecado, da justiça e do juízo: do pecado, porque não creem em mim; da justiça, porque vou para o Pai, e não me vereis mais; do juízo, porque o príncipe deste mundo já está julgado" (Jo 16.8-11). A convicção do Espírito está relacionada ao testemunho que Cristo deu aos homens nos dias da Sua carne e diz respeito à obra de intercessão à direita de Deus que Ele agora executa; e também diz respeito ao julgamento que Cristo executará quando vier outra vez para ser nosso juiz.

Ele "convencerá o mundo do pecado". Por que é preciso que o Espírito Santo opere essa convicção, já que cada ser humano carrega consigo uma consciência, que tão fielmente o lembra dos seus pecados? Explicamos: a consciência dá testemunho da lei; o Espírito dá testemunho da graça. A consciência opera convicção relacionada à lei; o Espírito opera convicção do Evangelho. A primeira gera uma convicção que produz desespero; o segundo, uma convicção que gera esperança.

"... *do pecado, porque não creem em mim*" descreve o fundamento da convicção operada pelo Espírito Santo. A vinda de Cristo ao mundo tornou possível um pecado até aquele momento desconhecido: "Se eu não viera, nem lhes houvera falado, pecado não teriam; mas, agora, não têm desculpa do seu pecado" (Jo 15.22). Parece que o mal precisava da presença do Deus encarnado para manifestar-se plenamente. Daí entendemos o profundo significado da profecia de Simeão: "Eis que este menino está destinado tanto para ruína como para levantamento de muitos em Israel e para ser alvo de contradição... *para que se manifestem os pensamentos de muitos corações*" (Lc 2.34-35).

Todos os mais odiosos pecados da natureza humana se manifestaram na traição, nas provações e na paixão de nosso Senhor. Naquela "hora e poder das trevas" parece que esses pecados de fato não foram reconhecidos como tal. Mas ao chegar o dia de Pentecostes, com a impressionante luz reveladora do Espírito da verdade, houve grande contrição em Jerusalém — uma contrição cujo aguilhão encontramos na declaração de Pedro: "Jesus, o Nazareno... vós o matastes, crucificando-o por mãos de iníquos". Não foi aquela profunda convicção, que seguiu o dom do Espírito, quando três mil foram conduzidos ao arrependimento num só dia, uma convicção de pecado porque eles não tinham crido em Cristo?

Quando nos repreende, o Espírito Santo apresenta o outro lado do mesmo fato, chamando-nos ao arrependimento, não por termos participado da crucificação de Cristo, mas por termos recusado participar do Cristo crucificado; não por sermos culpados de levá-lO à morte, mas por termo-nos recusado a crer n'Ele, que foi "entregue por causa das nossas transgressões e ressuscitou por causa da nossa justificação". Sempre que, por meio da pregação, se faz conhecido o fato de que Cristo morreu pelos pecados do mundo, essa culpa se torna possível. O pecado de não crer em Cristo é, por isso, agora, o grande pecado, porque ele sintetiza todos os outros pecados. Ele sofreu por nós as penalidades da lei, de forma que a nossa obrigação, que anteriormente era para com a lei, agora é transferida para ele. Recusar crer n'Ele, por isso, é repudiar as ordenanças da lei que Ele cumpriu e é repudiar a dívida de infinito amor que, pelo Seu sacrifício, temos para com Ele.

No entanto, o Espírito da verdade traz a convicção desse pecado contra o Senhor, não para condenar o mundo, mas para que o mundo, por meio d'Ele, possa ser salvo. Em resumo, como alguém já disse muito bem: agora, quando pregamos o Evangelho, não promovemos "o assunto do pecado, mas promovemos o Filho[65]". "Uma vez que Cristo satisfez plenamente a Deus com respeito ao pecado, a questão agora entre Deus e o seu coração é: Você está plenamente satisfeito com Cristo, como a única porção da sua alma? Cristo liquidou todas as outras dívidas para a glória de Deus." Ao lidar com os judeus culpados, foi o fato histórico que o Espírito Santo argumentou para levá-los à convicção: "Mas vós negastes o Santo e o Justo e... matastes o Príncipe da vida" (At 3.14-15 – ARC).

Quando trata conosco, os gentios, Ele usa o fato teológico ou evangélico: "Pois também Cristo morreu, uma única vez, pelos pecados, o justo pelos injustos, para conduzir-vos a Deus" (1 Pe 3.18), e vocês estão condenados por não terem crido n'Ele e por não O terem confessado como Salvador e Senhor. No final, é o mesmo pecado, mas visto de lados opostos, por assim dizer. No primeiro caso, é a culpa de desprezar e rejeitar o Filho de Deus; no outro, é a culpa de não crer n'Aquele que foi desprezado e rejeitado pelos homens. Contudo, se clamarmos humildemente ao Espírito, Ele nos conduzirá desse primeiro estágio

---

[65] A frase entre aspas, no inglês, é um trocadilho; na tradução perde-se o efeito sonoro produzido pelas palavras sin/Son (pecado/Filho) do original: "it is not the sin-question, but the Son-question" (N. do T.).

de revelação ao segundo. A respeito da convicção do Espírito é também verdade o que Andrew Fuller afirmou a respeito das doutrinas teológicas: "Elas estão intimamente unidas como elos de uma corrente, de forma que o entendimento de uma implica alcançar com certeza o entendimento da outra".

"... *da justiça, porque vou para o Pai, e não me vereis mais.*" Cristo aperfeiçoaria a justiça em nosso favor somente quando Se assentasse nos lugares celestiais. Assim como Ele foi "entregue por causa das nossas transgressões e ressuscitou por causa da nossa justificação", Ele tinha de ser entronizado para nossa segurança. É preciso ver Jesus em pé à direita de Deus para saber que fomos "aceitos no Amado". Como é belo o clímax da profecia de Isaías a respeito da paixão de Cristo, onde, ao lado da promessa de que "levou sobre si o pecado de muitos", temos a profecia de que "o meu Servo, o Justo, com o seu conhecimento, *justificará a muitos*"! Mas é preciso ser demonstrado que Ele é justo, a fim de que possa justificar; e foi esse o propósito da Sua exaltação. "Ela foi a prova de que Aquele a quem o mundo condenou, Deus justificou – que a pedra que os construtores rejeitaram Deus a fez pedra de esquina – que Aquele a quem o mundo negou e cravou numa vergonhosa cruz no meio de dois ladrões Deus aceitou e colocou no Seu próprio trono.[66]"

As palavras "e não me vereis mais", que tanto confundem os comentaristas, nos parecem ser a verdadeira chave para entender a passagem toda. Por todo o tempo em que o Sumo Sacerdote estava além do véu, sem ser visto pela congregação, ninguém estava certo quanto à sua própria aceitação diante de Deus. Daí a impaciente ansiedade com que aguardavam a saída

---

[66] "Assim como o ministério de Enoque foi selado quando ele foi recebido no céu, e assim como o ministério de Elias também foi abundantemente reconhecido pelo seu traslado ao céu, também com respeito à justiça e à inocência de Cristo. Mas era necessário que a ascensão de Cristo fosse mais plenamente confirmada, porque é da Sua justiça, tão plenamente comprovada pela Sua ascensão, que depende inteiramente a nossa justiça. Pois se Deus não O tivesse aprovado depois da Sua ressurreição, e Ele não tivesse assumido Seu lugar à direita de Deus, de maneira nenhuma poderíamos ser aceitos por Deus" (Cartwright).

d'Ele, com a garantia de que Deus tinha aceitado a propiciação oferecida em seu favor. Cristo, nosso grande Sumo Sacerdote, entrou no Santo dos Santos com o Seu próprio sangue. Até que Ele volte na Sua segunda vinda, como poderíamos estar certos de que o Seu sacrifício por nós foi aceito diante de Deus? Não haveria como, a não ser que Ele enviasse alguém que nos fizesse conhecer esse fato. E é precisamente isso que Ele fez ao enviar o Espírito Santo. "Ele, que é o resplendor da glória e a expressão exata do seu Ser, sustentando todas as coisas pela palavra do seu poder, depois de ter feito a purificação dos pecados, assentou-se à direita da Majestade, nas alturas" (Hb 1.3). Ali Ele permanecerá por todo o tempo do grande dia da expiação, que se estende da ascensão até a Sua segunda vinda. Mas para que a Sua Igreja tenha imediata segurança quanto à aceitação diante do Pai, por meio do Seu servo justo, Ele envia o Paráclito para atestar o fato; e a presença do Espírito na Igreja é prova evidente de que Jesus está no trono; assim como Pedro disse no dia de Pentecostes: "Exaltado, pois, à destra de Deus, tendo recebido do Pai a promessa do Espírito Santo, derramou isto que vedes e ouvis" (At 2.33).

Agora as palavras de Jesus nos parecem claras. Pelo fato de Ele ter subido até o Pai, para não mais ser visto até a Sua segunda vinda, o Espírito nesse meio tempo desceu para atestar a Sua presença e aprovação com o Pai, como o perfeitamente Justo. Como isso fica evidente na defesa de Pedro diante do Sinédrio: "O Deus de nossos pais ressuscitou a Jesus, a quem vós matastes, pendurando-o num madeiro. Deus, porém, com a sua destra, o exaltou a Príncipe e Salvador, a fim de conceder a Israel o arrependimento e a remissão de pecados. Ora, nós somos testemunhas destes fatos, *e bem assim o Espírito Santo,* que Deus outorgou aos que lhe obedecem" (At 5.30-32).

Por que esse duplo testemunho? A razão é óbvia. Os discípulos podiam dar testemunho da crucificação e da ressurreição de Cristo, mas não podiam dar testemunho da Sua entronização. Esse evento estava além do alcance da visão humana; e por isso o Espírito Santo, que conhecia o fato ocorrido nos céus, precisou ser enviado para testemunhar juntamente com os apóstolos, para que assim o todo da verdade da redenção recebesse plena confirmação. Dessa forma se cumpriu literalmente a promessa que Jesus fez em Seu último discurso: "Quando, porém, vier o Consolador, que eu vos enviarei da parte do Pai, o Espírito da verdade, que dele procede, esse dará testemunho de mim; e vós também testemunhareis, porque estais comigo desde o princípio" (Jo 15.26-27).

Como já dissemos, não é apenas a entronização de Cristo, a prova da aprovação do Pai, que precisa ser certificada, mas também a aceitação da Sua obra sacrificial como pleno e satisfatório fundamento da nossa reconciliação com o Pai. E o Espírito procedente de Deus é o único capaz de nos dar essa certeza. Por essa razão, na Epístola aos Hebreus, depois da repetida declaração da exaltação do nosso Senhor à direita de Deus, se acrescenta: "Porque, com uma única oferta, aperfeiçoou para sempre quantos estão sendo santificados. E disto *nos dá testemunho também o Espírito Santo*" (Hb 10.14-15).

Em resumo, Aquele que conhecemos na cruz como "o Cordeiro de Deus que tira o pecado do mundo", agora precisamos conhecer, no trono, como "Senhor, *Justiça Nossa*". Mas embora os anjos e os santos glorificados no céu vejam Jesus, outrora crucificado, mas agora "feito Senhor e Cristo" (At 2.36), nós não O vemos. Por isso está escrito que "ninguém pode dizer: Senhor Jesus!, *senão pelo Espírito Santo*" (1 Co 12.3). Assim também nos é dito que "se, todavia, alguém pecar, temos *Advogado*[67] junto ao Pai, Jesus Cristo, o Justo" (1 Jo 2.1); mas só podemos conhecer Cristo dessa forma por meio do "outro Paráclito" enviado da parte do Pai. Temos a promessa de que "quando vier, porém, o Espírito da verdade, ele vos guiará a toda a verdade; porque não falará por si mesmo, mas dirá tudo o que tiver ouvido" (Jo 16.13). Depois de ouvir no céu as declarações de que Cristo é digno e contemplar Aquele que por um pouco foi feito menor do que os anjos para provar a morte, agora "coroado de

---

[67] *Paráclito*, no grego (N. do T.).

glória e de honra", o Espírito Santo transmite o que vê e ouve à Igreja que está na Terra. Dessa forma, assim como Cristo, na Sua vida terrena, por meio da Sua brilhante e evidente santidade, "foi justificado em espírito", nós, reconhecendo que Ele está na glória em nosso favor e foi feito "justiça de Deus" por nós, somos também "justificados em o nome do Senhor Jesus Cristo e no Espírito do nosso Deus" (1 Co 6.11).

Assim, embora não seja visto pela Igreja durante todo o tempo em que exerce Seu ministério de Sumo Sacerdote, nosso Senhor enviou à Igreja Um cuja função é dar testemunho de tudo o que Ele é e de tudo o que está fazendo enquanto se encontra no céu, a fim de termos "ousadia e acesso com confiança, mediante a fé nele" e que assim possamos nos achegar com ousadia ao trono da graça. "... querendo com isto dar a entender o Espírito Santo" — o que não podia ser feito sob a antiga aliança — "que o caminho do Santo Lugar" (Hb 9.8) já se manifestou.

E contudo – estranho paradoxo –, nesse mesmo discurso em que Cristo diz aos Seus discípulos que eles não mais O veriam, Ele diz: "Ainda por um pouco, e o mundo não me verá mais; *vós, porém, me vereis;* porque eu vivo, vós também vivereis" (Jo 14.19), palavras que se referem ao tempo em que Cristo permanecerá além do véu. Mas agora é por meio da visão interior, que o mundo não possui, que eles O verão. E eles O verão *pelo mundo,* visto que Cristo disse: "... o mundo não pode receber [ao Espírito Santo], porque não o vê, nem o conhece". Porém o Espírito seria enviado "para *convencer o mundo*" "do pecado, da justiça e do juízo". Como explicaremos isso? Quando o sol desaparece no horizonte à noite, o mundo, nosso hemisfério, não mais o vê; no entanto a lua o vê, e durante toda a noite capta a sua luz e a lança sobre nós. Assim o mundo não vê a Cristo nas graciosas provisões de redenção que Ele mantém para nós no céu, mas por meio da iluminação do Consolador a Igreja O vê; como está escrito: "Nem olhos viram, nem ouvidos ouviram, nem jamais penetrou em coração humano o que Deus tem preparado para aqueles que o amam. *Mas Deus no-lo revelou pelo Espírito"* (1 Co 2.9-10). E a Igreja, ao ver essas coisas, comunica ao mundo aquilo que ela vê. Cristo é tudo e em todos; e o Espírito O recebe e O reflete para o mundo por meio do Seu povo.

> No céu, a lua; na Terra, a Igreja
> Uma e outra corre, anda, veleja
> Mas o brilho, a radiância, o calor
> Lhes empresta seu sol, um grande favor

"... do juízo, porque o príncipe deste mundo já está julgado." Cremos que aqui temos um maior avanço na revelação do Evangelho, e não uma menção da doutrina do juízo futuro, como ensinam algumas pessoas. Reafirmamos nossa convicção de que em todo este discurso o Espírito Santo nos é revelado como uma boa nova da Graça, e não como um delegado da Lei. Ouça novamente o apóstolo Pedro apontando Àquele que ressuscitou de entre os mortos e Se assentou nas alturas: "... por meio dele, todo o que crê é justificado de todas as coisas das quais vós não pudestes ser justificados pela lei de Moisés" (At 13.39). Justificação, no sentido evangélico, é outro nome para uma antecipação do julgamento e o fim da condenação. Quando Cristo foi entronizado, encerrou-se toda e qualquer questão a respeito do pecado, e toda e qualquer reivindicação da lei transgredida foi satisfeita. E embora não haja nenhum rebaixamento nas exigências do decálogo, contudo pelo fato de Cristo ser "o fim da lei... para justiça de todo aquele que crê" (Rm 10.4), agora *a graça reina "pela justiça* para a vida eterna, mediante Jesus Cristo, nosso Senhor" (Rm 5.21).

É um estranho paradoxo apresentado em Isaías: *"pelas suas pisaduras fomos sarados"*, como se nos fosse dito que os golpes do pecado obtiveram a remissão dos pecados. E foi isso que aconteceu. Se o Espírito Santo nos apresenta as feridas do Cristo moribundo para nos condenar, Ele imediatamente nos apresenta as feridas do Cristo exaltado para nos confortar. Seu corpo glorificado é o certificado dado pela morte quanto ao perdão da dívida, a quitação plena e rasa, assegurando-nos que todos os castigos merecidos pela transgressão foram sofridos e que o pecador foi absolvido.

Por isso, parece claro o significado dessa última consideração: "... *do juízo, porque o príncipe deste mundo já está julgado.*" Relembre as palavras de Jesus quando se viu face a face com a cruz: "Chegou o momento de ser julgado este mundo, e agora o seu príncipe será expulso" (Jo 12.31). Finalmente, "o acusador dos irmãos" não tem mais voz e é expulso da corte real. A morte de Cristo é a morte da morte e também do autor da morte. "... para que, por sua morte, destruísse aquele que tem o poder da morte, a saber, o diabo, e livrasse todos que, pelo pavor da morte, estavam sujeitos à escravidão por toda a vida" (Hb 2.14-15). Se é misteriosa a relação de Satanás com nosso julgamento e condenação, temos entretanto clareza (por esta passagem bíblica e por outras) quanto ao fato de que Cristo, pela Sua cruz, nos libertou do seu domínio. Temos de crer que Jesus disse literalmente a verdade quando afirmou: "Em verdade, em verdade vos digo: quem ouve a minha palavra e crê naquele que me enviou tem a vida eterna, *não entra em juízo*, mas passou da morte para a vida" (Jo 5.24). Na cruz Cristo julgou o pecado e libertou aqueles que creem n'Ele; e no céu Ele os defende contra toda tentativa de sentença por causa da transgressão da lei. "Agora, pois, já nenhuma condenação há para os que estão em Cristo Jesus" (Rm 8.1). É dessa forma que a tripla convicção conduz o pecador aos três estágios da obra redentora de Cristo, passando do juízo e da condenação para a eterna aceitação diante do Pai.

Numa impressionante antítese a isso tudo, temos uma ocasião no livro de Atos em que se vê a tripla convicção da consciência, quando Paulo esteve diante de Félix: "Dissertando... acerca da *justiça, do domínio próprio e do Juízo vindouro*" (At 24.25). Aqui foi posto às claras o pecado de uma vida depravada quando o apóstolo falou sobre a castidade, foram demonstradas as exigências da justiça e foi apresentada a certeza do juízo vindouro; e o único efeito produzido foi que "ficou Félix amedrontado". É isso o que sempre acontece sob a convicção da consciência — há remorso, mas não há paz.

Temos também outro instrutivo contraste nas Escrituras, entre o testemunho do Espírito e o testemunho da consciência. *"O próprio Espírito testifica (summarturei) com o nosso espírito que somos filhos de Deus"* (Rm 8.16). Essa é a segurança da filiação, com toda a persuasão interior de liberdade da condenação que ela transmite da parte de Deus. Por outro lado, existe a convicção dos pagãos, que possuem apenas a lei escrita em seus corações: *"... testemunhando-lhes (summarturouses) também a consciência e os seus pensamentos, mutuamente acusando-se ou defendendo-se, no dia em que Deus, por meio de Cristo Jesus, julgar os segredos dos homens"* (Rm 2.15-16). A consciência pode "acusar", e o quanto isso é verdade em todo o mundo os missionários cristãos podem atestar com frequência; e a consciência pode "defender", que é o método proposto por pensamentos de culpa; mas *a consciência não consegue justificar*. É somente o Espírito da verdade, que o Pai enviou a este mundo, que pode fazer isso. Podemos contrastar a obra dessas duas testemunhas da seguinte forma:

> A consciência convence -- O Consolador convence
> Do pecado cometido -- Do pecado cometido
> Da justiça impossível de alcançar -- Da justiça imputada
> Do juízo realizado -- Do juízo iminente

Felizmente essas duas testemunhas podem ser harmonizadas, como de fato o foram pela expiação que reconciliou o homem consigo mesmo, tanto quanto o reconciliou com Deus. É muito significativo que na Epístola aos Hebreus, quando somos convidados a nos aproximar de Deus, que a condição para isso seja "tendo o coração purificado *de má consciência"*. Assim como o sumo sacerdote levava o sangue para dentro do Santo dos Santos, na antiga dispensação, o Espírito introduz o sangue de Cristo no santuário interior do nosso espírito na mais excelente economia da nova dispensação, para que possamos purificar "a nossa consciência de obras mortas, para servirmos ao Deus vivo" (Hb 9.14). Bendito o homem que dessa forma se reconcilia consigo mesmo e com Deus, de forma que pode dizer:

"Digo a verdade em Cristo, não minto, *testemunhando comigo, no Espírito Santo, a minha própria consciência"* (Rm 9.1). A consciência do crente habitando no Espírito, assim como a sua vida está "oculta com Cristo em Deus", tendo ambos a mesma mente e produzindo o mesmo testemunho — esse é o propósito da redenção e essa é a vitória do sangue da expiação.

10

A Ascensão do Espírito

O apóstolo Paulo com certeza via como a plena colheita do Espírito a redenção do corpo dos santos e a sua manifestação como filhos de Deus, e com eles a redenção de toda a criação do presente cativeiro, redenção da qual a Igreja só possui agora as primícias, ou seja, os primeiros grãos maduros, dos quais se pode fazer um feixe e apresentar no templo como uma oferta movida diante do Senhor. "O Espírito da promessa, que é o penhor da nossa herança", disse o mesmo apóstolo — o penhor, assim como as primícias, é só uma parte daquilo que será ainda obtido... contudo é o suficiente para garantir que o todo, na plenitude dos tempos, igualmente será nosso.

Edward Irving[68]

---

[68] **Edward Irving** (1792 – 1834) um ministro da Igreja da Escócia (Presbiteriana), é conhecido como precursor do movimento carismático na Igreja. Falecido prematuramente aos 42 anos de idade, foi uma das mais célebres e controvertidas personalidades religiosas do século 19. Pregador eloquente e imensamente popular, pastor devotado e amado pelo seu rebanho, homem de profunda piedade cristã, ele veio a envolver-se em controvérsias teológicas que acarretaram a sua deposição do ministério presbiteriano e a subsequente formação de uma nova confissão religiosa, a Igreja Católica Apostólica (veja informações completas no site www.mackenzie.br) (N. do E.).

❝Aquele que desceu é também o mesmo que subiu acima de todos os céus", assim escreve o apóstolo a respeito do Paráclito que agora está com o Pai, "Jesus Cristo, o Justo" (Ef 4.9). E o que é verdade a respeito d'Ele também é verdade a respeito do "outro Paráclito", o Espírito Santo, que foi enviado para habitar conosco durante esta era. Quando Ele tiver completado a Sua missão terrena, retornará ao céu no corpo que Ele criou para Si mesmo — o "novo homem", a Igreja regenerada, reunida tanto de entre os judeus como dos gentios durante esta dispensação. Pois o que é o arrebatamento dos santos predito pelo apóstolo, ao som da trombeta e após a ressurreição dos remidos que já morreram, "nós, os vivos, os que ficarmos, seremos arrebatados juntamente com eles, entre nuvens, para o encontro do Senhor nos ares" (1 Ts 4.17)? É o Cristo terreno elevando-se para encontrar o Cristo celestial; a Igreja eleita, unida no Espírito e chamada *o cristos* (1 Co 12.12), recolhida para unir-se em glória com "Cristo... o cabeça da igreja, sendo este mesmo o salvador do corpo" (Ef 5.23).

No concílio em Jerusalém isso foi proclamado como a obra especial do Espírito nesta dispensação "a fim de constituir dentre eles um povo para o seu *nome"* (At 15.14). Não foi por acaso que os primeiros crentes receberam o nome de cristãos, nem era um nome usado como zombaria. Pelo contrário, "em Antioquia, foram os discípulos, pela primeira vez, chamados *cristãos"* (At 11.26), e isso por orientação divina. Esse foi o nome preordenado para eles, "o bom Nome pelo qual sois chamados" (Tg 2.7 – Tradução Brasileira). Quando, então, a formação dessa assembleia estiver completa, e o povo para o seu nome estiver completo, eles serão trasladados para se tornarem um com Ele em glória, assim como eram um com Ele no nome, o Cabeça recebendo o corpo, "como também Cristo o faz com a igreja" (Ef 5.29). E essa transformação da Igreja será efetuada pelo Espírito Santo, que nela habita. "Se habita em vós o Espírito daquele que ressuscitou a Jesus dentre os mortos, esse mesmo que ressuscitou a Cristo Jesus dentre os mortos vivificará também o vosso corpo mortal, por meio do seu Espírito, que em vós habita" (Rm 8.11). Não é por meio de ações externas sobre o corpo de Cristo que o Espírito Santo efetuará a glorificação, mas por meio da vivificação interior.

Em resumo, o Consolador, que no dia de Pentecostes desceu para criar um corpo de carne[69], retornará na *Parousia* ao céu nesse mesmo corpo, depois de tê-lo moldado como corpo de Cristo, para poder ser apresentado a Ele "sem mácula, nem ruga, nem coisa semelhante, porém santa e sem defeito" (Ef 5.27). Será que se pretende dizer que o Consolador deixará o mundo por ocasião da vinda de Cristo, para não mais retornar? De forma nenhuma. O que está sendo afirmado precisa de uma clara explicação.

Um autor muito entendido na doutrina do Espírito faz a seguinte observação, tão evidente e verdadeira: "Assim como Cristo, no final, entregará o Seu reino ao Pai (1 Co 15.24-28), o Espírito Santo entregará o Seu ministério ao Filho, quando este vier em glória com todos os Seus santos anjos"[70]. Igreja e reino não significam a mesma coisa, se com reino queremos indicar o governo visível de Cristo na Terra. Num outro sentido eles significam a mesma coisa. Assim como é o Rei é o reino. O Rei está presente agora no mundo, apenas de forma invisível e por meio do Espírito Santo; do mesmo modo, o reino está agora presente de forma invisível e espiritual no coração dos crentes. O Rei virá outra vez visivelmente e em glória; o reino também virá de forma visível e gloriosa. Em outras palavras, agora o reino já está aqui em mistério; então ele estará aqui de forma manifesta. Agora o reino espiritual é administrado pelo Espírito Santo, e isso desde o dia de Pentecostes até a *Parousia*. Na *Parousia* – o aparecimento do Filho do Homem em glória –, quando Ele assumir o Seu grande poder para reinar (Ap 11.17), quando voltar Aquele que foi para um país distante tomar posse de um reino, e assumir o governo (Lc 19.15), o invisível dará lugar ao visível; o reino envolto em mistério emergirá como reino manifesto, e o ministério do Espírito Santo se submeterá ao de Cristo.

---

[69] Homens redimidos (N. do E.).

[70] *Through the Eternal Spirit* (Pelo Espírito eterno), Elder Cumming, p. 185.

Aqui propriamente encerramos nossa apresentação, uma vez que o ministério terreno do Espírito Santo se encerra com o retorno de Jesus Cristo em glória. Mas existe um "mundo vindouro" (Hb 6.5), subsequente a este "mundo perverso" (Gl 1.4), e talvez devamos dar uma rápida olhada ali, por causa da luz que isso pode lançar sobre a presente dispensação.

Qual é o significado da expressão *as primícias do Espírito*, que diversas vezes aparece no Novo Testamento? As primícias não passam de um punhado, comparadas com a colheita toda; e é isso o que temos com respeito ao dom do "Espírito da promessa, a saber, o Espírito Santo, *que é penhor da nossa herança para a redenção da possessão adquirida por Deus"* (Ef 1.13-14 – Tradução Brasileira). A colheita, para a qual todas as primícias apontam, será no aparecimento do Senhor.

Cristo, por meio da ressurreição de entre os mortos, tornou-Se *"as primícias dos que dormem"* (1 Co 15.20). A colheita toda será feita, é claro, na vinda de Cristo, quando "os que são de Cristo, na sua vinda" serão ressuscitados (1 Co 15.23). Assim também com o Espírito Santo. Todos nós temos o Espírito, *mas não temos tudo do Espírito*. Como membro da Divindade, Ele está inteiramente aqui, mas com respeito ao Seu ministério, temos apenas uma parte, o penhor da Sua bênção completa. Para tornar isso claro, repare que a obra do Espírito Santo, durante toda esta dispensação, é de eleição. Ele junta de entre os judeus e gentios o corpo de Cristo, a *ecclesia*, os chamados para fora. Essa é a Sua obra peculiar na era do Evangelho. Em resumo, a presente época é a era da eleição, e não do ajuntamento universal.

Mas isso é tudo que podemos esperar? Deixemos que a Palavra de Deus responda. Paulo, ao considerar a esperança de Israel, diz que "no tempo de hoje, sobrevive um remanescente segundo a eleição da graça"; e um pouco adiante ele declara, relativamente à vinda do Libertador, que "todo o Israel será salvo" (Rm 11.5, 26). Aqui está uma eleição que separa e depois uma universal inclusão; ou seja, como o apóstolo resume tudo neste mesmo capítulo: *"... se forem santas as primícias da massa, igualmente o será a sua totalidade"* (Rm 11.16).

Por outro lado, Tiago, falando pelo Espírito Santo a respeito dos gentios, diz que "Deus, primeiramente, visitou os gentios, *a fim de constituir dentre eles um povo para o seu nome*", e "cumpridas estas coisas, voltarei... para que os demais homens busquem o Senhor, *e também todos os gentios sobre os quais tem sido invocado o meu nome*" (At 15.14, 17). Aqui, novamente, encontramos primeiro uma eleição que separa e então uma completa inclusão.

Quando examinamos outros textos bíblicos, parece claro que é o Espírito Santo o divino agente de ambas as redenções, a parcial e a completa. Se nos voltarmos à grande profecia de Joel – "*derramarei o meu Espírito sobre toda a carne*" – e depois à referência de Pedro a ela, como registrado em Atos, vem-nos a pergunta: essa profecia foi plenamente cumprida no dia de Pentecostes? É evidente que não. Pedro, com inspirada precisão, diz: "... *o que ocorre é o que foi dito por intermédio do profeta Joel*", sem afirmar que com isso a profecia se cumpria totalmente. Voltando à profecia, percebemos que ela inclui em sua extensão "o grande e terrível dia do SENHOR" e que Deus removerá "o cativeiro de Judá e de Jerusalém" (Jl 2.1, 3.1 – ARC), eventos que evidentemente ainda estão por acontecer.

Se outra vez examinarmos a eloquente profecia da conversão de Israel, observaremos que o fato de eles contemplarem aquele a quem traspassaram, e lamentarem por ele, decorre da seguinte profecia: "E sobre a casa de Davi e sobre os habitantes de Jerusalém derramarei o espírito da graça e de súplicas" (Zc 12.10). E também na descrição das desolações de Jerusalém durante a presente era, o profeta representa esse juízo como espinheiros e abrolhos, palácios desertos e fuga do povo, continuamente "*até que se derrame sobre nós o Espírito lá do alto*" (Is 32.15).

Verdadeiramente me parece que as Escrituras ensinam sempre que, depois que se completar a presente obra eletiva do Espírito, virá um tempo de bênção universal, quando o Espírito será literalmente "derramado sobre toda a carne"; quando "vier o que é perfeito", "o que é em parte será aniquilado".

Dessa forma, na doutrina do Espírito há uma constante referência à consumação final. Paulo diz: "... o Espírito de Deus, no qual fostes selados *para o dia da redenção*" (Ef 4.30). E novamente: "... também nós, que temos as primícias do Espírito, igualmente gememos em nosso íntimo, aguardando a adoção de filhos, *a redenção do nosso corpo*" (Rm 8.23).

Tudo que o Consolador já nos concedeu, ou pode nos conceder agora, é apenas o primeiro feixe da grande colheita da redenção que nos aguarda por ocasião do retorno do Senhor. "... recebestes *o espírito de adoção,* baseados no qual clamamos: Aba, Pai" (Rm 8.15); mas a adoção mesma nós ainda estamos aguardando. Já somos filhos de Deus pelo nascimento do alto, mas aguardamos junto com toda a criação *"a revelação dos filhos de Deus"* (Rm 8.19).

Após a terna exortação para sermos pacientes até a vinda do Senhor, Tiago acrescenta, no quinto capítulo da sua carta, esta sugestiva ilustração: "Eis que o lavrador aguarda com paciência o precioso fruto da terra, até receber as primeiras e as últimas chuvas". Assim como na agricultura uma dessas chuvas se refere ao tempo da semeadura e a outra ao tempo da colheita, na redenção a primeira chuva ocorreu no dia de Pentecostes, e a última virá na *Parousia*. Uma caiu sobre o mundo quando os primeiros semeadores saíram pelo mundo para semear; a outra acompanhará a ceifa, que é "a consumação do século", e fecundará a terra para a bênção final do século vindouro, trazendo arrependimento a Israel e a remissão dos pecados, "a fim de que, da presença do Senhor, venham tempos de refrigério, e que envie ele o Cristo, que já vos foi designado, Jesus, ao qual é necessário que o céu receba até aos tempos da restauração de todas as coisas" (At 3.19-21).

Breve biografia de Adoniram Judson Gordon
1836 — 1895

(Compilado e adaptado por Helio Kirchheim)[71]

A maioria dos cristãos brasileiros não conhece ou conhece muito pouco o Dr. Adoniram Judson Gordon, e *O Ministério do Espírito* é seu primeiro livro traduzido para o português. Boa parte das informações sobre a vida desse homem de Deus foi coletada da biografia[72] escrita por seu filho.

A. J. Gordon nasceu na minúscula cidade de New Hampton, Estado de New Hampshire (EUA), em 19 de abril de 1836. Seus pais eram cristãos muito piedosos e deram-lhe esse nome em homenagem ao missionário homônimo[73] que naqueles dias gastava a vida para o Senhor na Birmânia — com isso mostrando o quanto o coração deles estava envolvido em missões e o seu empenho em criar o filho para que também vivesse e propagasse o evangelho.

Aproximadamente aos 15 anos de idade, A. J. Gordon converteu-se e foi batizado no riacho que movimentava o moinho de

---

[71] Em Londrina, 24 de outubro de 2011.

[72] *Adoniram Judson Gordon: a Biography* (Adoniram Judson Gordon: uma Biografia), de Ernest B. Gordon, ainda sem tradução para o português.

[73] Adoniram Judson viveu de 1788 a 1850 e foi missionário na Birmânia (atual Myanmar). Com grandes sofrimentos e perseguições, e na prisão, traduziu a Bíblia para a língua birmanesa.

seu pai. Um ano depois, numa reunião da igreja, declarou o desejo e a determinação de preparar-se para o ministério cristão.

Aos vinte anos (em 1856), entrou na Brown University como estudante de filologia clássica. Ali conheceu sua futura esposa, Maria Hale. Em 1860 entrou na Newton Theological Institution com o objetivo de preparar-se para o ministério. Sua matéria preferida era exegese do Novo Testamento.

Embora fosse aluno de notas apenas medianas, dedicava-se intensamente à leitura. Tinha grande apreciação pelo livro *Synopsis of the Bible*, de J. N. Darby, e pelas exposições bíblicas de Kelly, Newton, Tregelles, Soltau, Pridham e Jukes. Mais tarde, manteve fraternal comunhão com os Irmãos e afirmava ter sido grandemente beneficiado espiritualmente pelo relacionamento com eles.

Aprendeu a ler os clássicos evangélicos; deliciava-se com autores puritanos como William Gurnall, Stephen Charnock, John Owen, Thomas Manton e outros. A respeito dos puritanos, A. J. Gordon escreveu: "Parece-me que os ministros puritanos sustinham ambos os lados da verdade e mantinham um equilíbrio fora do comum. Eles expunham muito claramente a obra objetiva de Cristo e também esclareciam a Sua obra subjetiva com uma exatidão e profundeza de compreensão inteiramente além de qualquer coisa que vemos em nossos dias. Eles escreviam tão claramente porque tinham apreendido essas coisas por meio de profunda experiência interior. Os diários escritos e as meditações que esses homens piedosos nos legaram são testemunhas das alturas que alcançaram na alma deles as inundações do Espírito de Deus! Temos muito que aprender deles a respeito do cultivo da vida interior".

Os bons livros exerceram profunda influência sobre os seus pensamentos, e isso resultou numa vida piedosa e num destemido e frutífero ministério, fiel à Palavra de Deus.

Depois de formar-se, em 1863, aceitou o convite para pastorear a igreja batista de Jamaica Plain, localidade histórica situada perto da cidade de Boston, no Estado norte-americano de Massachusetts. Nessa mesma época, casou-se com Maria Hale, que se tornou sua dedicada companheira de ministério.

Após trabalhar nessa pequena cidade por seis bem-sucedidos anos, aceitou o pastorado da igreja batista de Clarendon Street, em Boston, onde o seu ministério produziu impacto mais amplo. Encontrou a igreja sofrendo de terrível apatia espiritual, cheia de costumes mundanos. A galeria onde estava o coral da igreja era "um ninho de pássaros cantores". Foram muito sofridos os primeiros anos de ministério ali, mas ele teve a alegria de ver essa igreja transformar-se numa das mais fervorosas e ativas da América do Norte, incomparável em seu esforço missionário.

O Dr. A. J. Gordon era amigo chegado do conhecido evangelista D. L. Moody, a quem ajudou muitas vezes no trabalho que este mantinha em Boston. Por sua vez, Moody também falava na igreja do Dr. Gordon. Em 1877 ele pregou uma série de mensagens na igreja de Clarendon Street, influenciando grandemente tanto o pastor amigo quanto o rebanho. Foi um momento crítico da igreja pastoreada pelo Dr. Gordon, encerrando um período de sete anos de letargia espiritual e começando um extenso período de saúde espiritual.

Foi também contemporâneo de C. H. Spurgeon, em cujo tabernáculo pregou, em Londres. Também foi amigo de F. B. Meyer, conhecido pastor batista inglês, que escreveu o prefácio do livro que você tem em mãos.

O Dr. Gordon escreveu vários livros, além de *O Ministério do Espírito: In Christ* (Em Cristo), *The Two-Fold Life* (A obra de Cristo POR nós, e a obra de Cristo EM nós), *How Christ Came to Church* (Como Cristo veio à Igreja) e muitos outros. Além disso, compôs a letra e a melodia de muitos hinos. No capítulo 7 deste livro A. J. Gordon discorre sobre a verdadeira adoração, em espírito e em verdade. Seu discernimento desta importante prática e sua coragem na exposição bíblica da verdade com certeza levarão você a refletir sobre as deturpadas práticas dos nossos dias e o ajudarão a ajustar as suas próprias práticas na verdadeira adoração a Deus.

Em 1878 ele começou a publicar a despretensiosa mas consistente revista mensal *The Watchword* (algo como *O Lema*), cujo objetivo era a edificação dos cristãos. Ele dedicava as manhãs de segunda-feira, seu dia de folga, na preparação da revista. Segundo as suas palavras, "financeiramente ela não se paga, mas vale a pena". Na produção desse periódico ele de bom grado empregava tempo, esforço, dinheiro e trabalho. O lema da revista era "Sede vigilantes, permanecei firmes na fé. Todos os vossos atos sejam feitos com amor" (1 Co 16.13-14).

O Dr. Gordon esforçava-se no trabalho de levar pessoas a Cristo, especialmente os dependentes do álcool. A Palavra que movia seu coração para com eles está em Hebreus 13.3: "Lembrai-vos dos encarcerados, como se presos com eles". Além deles, havia os pobres, as viúvas e os enfermos. Para reintegrar à sociedade os que se convertiam e eram libertos da bebida, criou o *Industrial Home*, espécie de cooperativa que fornecia trabalho para os novos convertidos. Padeceu grandes provações para manter essa instituição, mas o Senhor o socorreu, provendo sustento nas mais críticas horas. Cuidava do seu rebanho de convertidos com zelo que imitava o do Pastor e Bispo das nossas almas, amparando-os, fortalecendo-os e instruindo-os no caminho de Deus. Ele não perdia tempo: onde quer que se encontrasse (em viagem num navio, por exemplo), pregava ousadamente o evangelho, em obediência à palavra do Senhor Jesus: "à medida que seguirdes, pregai" (Mt 10.7).

A. J. Gordon concentrou o coração e a energia na obra de missões estrangeiras. Ele viajou, pregou, escreveu e trabalhou com paixão para espalhar o evangelho de Jesus Cristo em âmbito mundial. Uma vida extremamente atarefada era a expressão do seu amor a Deus e o seu empenho em expressar esse amor em serviço prático em favor dos seus semelhantes. Assim como se costumava dizer de John Tauler, podia-se dizer também de A. J. Gordon: "Ele vive o que prega".

Muito cuidadoso com as finanças, aprendeu a depender de Deus em oração e súplica em favor do suprimento das necessidades da obra que Deus lhe confiara, tanto em Boston quanto no exterior. Espelhava-se no exemplo de fé de George Müller, de Hudson Taylor e de outros que trilharam caminho idêntico e jamais foram envergonhados por confiarem n'Aquele que não pode mentir.

Ele reparou que a maioria das escolas teológicas dava maior importância à instrução acadêmica do que à formação do caráter dos alunos e se empenhou em criar um lugar onde os homens e mulheres pudessem preparar-se não apenas intelectualmente, mas sobretudo espiritualmente.

Diante da falta de missionários que se dispusessem a ir aos lugares mais remotos e difíceis, ele fundou, em 1889, a *Boston Missionary Training-School* (Escola de Treinamento Missionário de Boston), cujo objetivo era treinar homens e mulheres para irem aos lugares negligenciados da cidade e supri-los com um sólido fundamento bíblico.

Ele escreveu: "O grande pecado do cristianismo é que a Igreja se atreveu a produzir os missionários por meio da ordenação pastoral ou por meio do treinamento intelectual. A prerrogativa de prover os ministros da Igreja é exclusivamente de Cristo. É ofício d'Ele suprir os diferentes tipos de ministros, e nossa responsabilidade é pedir que Ele os envie e recebê-los e reconhecê-los quando são enviados".

Ele não recusava nenhum candidato ao ministério quando este não tinha formação escolar. Aquilo que buscava, e que para ele era decisivo nos futuros alunos, era a consagração a Deus e a disposição de ir aonde o Senhor os mandasse, especialmente para os lugares "menos nobres". Na seleção dos alunos, seu texto era Atos 10.15: "Ao que Deus purificou não consideres comum".

A. J. Gordon viveu numa época em que surgiam e floresciam doutrinas enganosas, enredando não pouca gente. Corajosamente combateu a Ciência Cristã[74], publicando um panfleto

---

[74] Fundada por Mary Baker Eddy (1821-1910). Em 1866 a Sra. Eddy teve a experiência de cura que deu início ao que ela chamou de Ciência Cristã. Em 1875 ela publicou seu livro mais importante: *Ciência e saúde com a chave das Escrituras*.

chamado "A Ciência Cristã avaliada pelas Escrituras", no qual demonstra que essa seita, embora afirme ter a Bíblia como fundamento, não passa no teste da simples comparação do que está escrito na Palavra de Deus. Demonstrou com clareza irrefutável que a Ciência Cristã nada mais é do que agnosticismo, panteísmo e budismo mascarados.

O Dr. Gordon também combateu o transcendentalismo propagado por Ralph Waldo Emerson[75]. A. J. Gordon repudiava o ensino de que este mundo está se tornando cada vez melhor e que é preciso descobrir o bem que existe no interior de cada ser humano, conforme apregoava esse novo agnosticismo. Ele escreveu: "Não é fácil ver Deus oculto em toda essa confusão satânica e crer n'Ele apesar de toda essa crueldade titânica dos elementos... Não nos iludamos pensando que estamos agora reinando com Cristo na Terra ou que o reino de Deus já tenha sido estabelecido no mundo. A carreira terrena da Igreja durante a presente era, à semelhança da carreira do seu Senhor, é mais uma carreira de exílio do que de exaltação, de rejeição em vez de governo, de levar a cruz em vez de usar o cetro".

O Dr. Gordon sustentava o ensino bíblico de que a situação natural do homem é desesperadora de tal maneira, que somente a soberana intervenção de Deus é que pode ressuscitá-lo da sua morte espiritual. Ele pensava exatamente como disse um dos seus autores favoritos, Amiel[76]: "A melhor maneira de saber a profundidade de qualquer doutrina religiosa é conhecer o seu conceito sobre o pecado e sobre a cura do pecado". Daí o seu repúdio dessa enganosa doutrina transcendentalista.

---

[75] Ralph Waldo Emerson (1803-1882), pensador, poeta e filósofo norte-americano. Fundou o transcendentalismo, doutrina mística e filosófica panteísta. A principal característica dessa doutrina era negar a corrupção do coração humano, com isso negando a necessidade do arrependimento para com Deus e de um Redentor, transformando Cristo (ao lado de Sócrates e Buda) em mero exemplo para seguir.

[76] Henri Frédéric Amiel (1821-1881), filósofo e crítico suíço-francês. A citação foi extraída do seu *Journal Intime* (Diário Pessoal), publicado postumamente.

À semelhança de Paulo, sua pregação era "arrependimento para com Deus e a fé em nosso Senhor Jesus Cristo" (At 20.21).

Sofreu represálias por sua ousadia e coragem, mas não se omitiu quando o zelo pastoral exigia que empunhasse o cajado para defender o rebanho de Deus.

O Dr. Gordon exerceu o pastorado na igreja de Clarendon Street por mais de um quarto de século. Seu ministério perdurou até a sua morte, provocada por gripe e bronquite, na manhã de 2 de fevereiro de 1895.

A última palavra que se ouviu dos seus lábios foi VITÓRIA.

Garimpando na história

A. J. Gordon – entre os gigantes

Conversando[77] com o irmão Délcio Meireles, a quem sou imensamente grato, sobre o clássico *O Ministério do Espírito*, ele não apenas ressaltou seu real apreço por esta obra, que conhece há muitos anos como uma das mais sérias e profundas da categoria, como também, generosamente, repartiu de seu tesouro uma pepita de ouro garimpada em sua ampla mina de livros raros.

O trecho a seguir, mencionado por G. H. Lang no livro *The Local Assembly*, página 43, ressalta o calibre espiritual de A. J. Gordon como um homem que não apenas conhecia bem o assunto sobre o ministério do Espírito Santo, mas também era cheio d'Ele e poderoso em obras como os obreiros apostólicos do primeiro século:

> "Quando em 1832 o Senhor enviou George Muller e Henry Craik para Bristol, Ele os usou poderosamente para começar e edificar uma igreja nos moldes simples e primitivos. Eu ouvi [disse Lang] o Dr. Pierson (Arthur Tappan Pierson - 1837-1911) comentar uma vez que a Igreja (...) em Bristol era uma das duas igrejas verdadeiramente apostólicas que ele conhecia. A outra era a igreja em Boston, USA, onde A. J. Gordon servia. George Muller e Henry Craik foram inevitavelmente os primeiros dirigentes daquela igreja como quaisquer evangelistas apostólicos foram das igrejas que fundaram".

---

[77] O editor.